GRUND ZUR VORFREUDE:
DAS LEBEN NACH DEM LEBEN NACH
DEM TOD

GRUND ZUR VORFREUDE: DAS LEBEN NACH DEM LEBEN NACH DEM TOD

David Pawson

Anchor Recordings

Copyright © 2025 David Pawson Ministry CIO

David Pawson ist gemäß dem Copyright,
Designs and Patents Act 1988 der Urheber dieses Werkes.

Herausgeber der deutschen Ausgabe 2025 in Großbritannien:
Anchor, ein Handelsname von David Pawson Publishing Ltd.,
Synegis House, 21 Crockhamwell Road,
Woodley, Reading RG5 3LE

Dieses Werk ist urheberrechtlich geschützt. Ohne vorherige schriftliche Genehmigung des Verlages darf kein Teil dieses Buches in irgendeiner Form vervielfältigt oder weitergegeben werden. Das betrifft auch die elektronische oder mechanische Vervielfältigung und Weitergabe, einschließlich Fotokopien, Aufzeichnungen und Systemen zur Informations - und Datenspeicherung und deren Wiedergewinnung.

Die Bibelzitate wurden, soweit nicht anders angegeben, der Bibelübersetzung Hoffnung für Alle® (Hope for All)© 1983,1996, 2002, 2009, 2015 by Biblica, Inc.® mit freundlicher Genehmigung des Herausgebers Fontis entnommen sowie der Lutherbibel (LUT), revidiert 2017, © 2016 Deutsche Bibelgesellschaft, Stuttgart, der Neue evangelistische Übersetzung © by Karl-Heinz Vanheiden (NeÜ) und der Elberfelder Bibel 2006, © 2006 by SCM R.Brockhaus in der SCM Verlagsgruppe GmbH, Witten/Holzgerlingen (ELB).

Übersetzung aus dem Englischen: Lisa Schmid, Ditzingen

KOSTENLOSE DOWNLOADS:
www.davidpawson.org

Weitere Informationen:
info@davidpawsonministry.com

ISBN 978-1-917360-17-3

Printed by Ingram Spark

Inhalt

Vorwort	I
1. Das Leben nach dem Tod	9
2. Zwischen Tod und Auferstehung	33
3. Die Auferstehung	53
4. Das Gericht	75
5. Die Hölle	95
6. Weitere Fragen	117

Grundlage dieses Büchleins ist eine Reihe mündlicher Vorträge. Vielen Lesern wird daher der Unterschied zu meinem gewöhnlichen Schreibstil auffallen. Das soll sie jedoch, wie ich hoffe, nicht vom Inhalt meiner biblischen Erörterung ablenken.

Wie immer bitte ich meine Leser, alles, was ich sage oder schreibe, mit dem biblischen Text zu vergleichen. Wenn sie irgendwo einen Widerspruch entdecken, fordere ich sie hiermit auf, sich am klaren Wortlaut der Bibel zu orientieren.

David Pawson (1930-2020)

VORWORT

David verbrachte das letzte Jahr seines Lebens in einem Pflegeheim. Dort hatte er viel Zeit, über die Zukunft nachzudenken. Als sein Tag gekommen war, war er bereit, seinem Herrn und Schöpfer zu begegnen.

Bei einem meiner Besuche in diesem Heim sagte David zu mir: „Der Herr hatte mich für einen bestimmten Dienst vorgesehen. Ich habe diesen Dienst ausgeführt, und jetzt ist er vollendet. Ich freue mich auf die nächste Phase meines Lebens: das Leben nach dem Leben nach dem Tod." Das sollte das Thema seiner Abschiedspredigt sein, so hatte er es sich gewünscht.

Wegen der Corona-Pandemie und dem Lockdown konnten wir diese letzte Aufnahme seiner Abschiedspredigt nicht erstellen, doch im Archiv haben wir eine Reihe seiner Vorträge zu genau diesem Thema. Er hielt sie Anfang der 1970er Jahre im Millmead Centre in Guildford. Sie bilden den Inhalt dieses Buches.

David erklärte ausdrücklich, dass es nach seinem Tod keinen Gedenkgottesdienst geben sollte:

„Ich möchte weder gepriesen noch auf einen Sockel gestellt werden." Er wollte nicht, dass man „sein Lebenswerk feierte." Doch er sagte mir: „Warten wir ab, bis wir unseren Auferstehungsleib bekommen haben, dann können wir alle gemeinsam mit Ihm (JESUS) feiern!"

David glaubte und lehrte, dass wir im Moment unseres Todes körperlos zu unserem Herrn gehen – an einen Ort, den Jesus das „Paradies" nannte und der sich von unserer letzten Ruhestätte fundamental unterscheidet.

David fürchtete sich nicht vor dem Tod. Ganz im Gegenteil, er freute sich tatsächlich, „voll gespannter Erwartung endlich Jesus zu begegnen und bei Ihm zu sein." Die Inschrift auf dem Grabstein seines Großvaters drückte es treffend aus: „Was für eine Begegnung!"

Jetzt erhält er die Antwort auf die zahllosen Fragen, die er in einem Ordner in der untersten Schublade seines Aktenschrankes verwahrte. Darauf stand: „Dort werde ich es erfahren."

Am 23. Mai 2020 ging David heim zu Jesus – an Himmelfahrt – einem Tag, der, seiner Meinung nach, seine Bedeutung im Kirchenjahr eingebüßt hatte.

Christi Himmelfahrt war David immer wichtig. Wenige Tage vor dem Lockdown fragte er mich: „Du weißt doch, warum Christi Himmelfahrt so wichtig ist?" Dann fuhr er fort: „Die Gemeinde begeht die Kreuzigung an einem Freitag, obwohl Jesus nicht an einem Freitag gestorben ist. Sie feiert seine Geburt zu Weihnachten, obwohl Jesus nicht im Dezember geboren wurde und kein einziges Mal über seine Geburt gesprochen hat. Und gleichzeitig kommt Christi Himmelfahrt im kirchlichen Kalender kaum vor."

Natürlich wüsste ich, warum Himmelfahrt so wichtig ist, antwortete ich – ziemlich eingeschüchtert von Davids Wissen und besorgt, die falsche Antwort zu geben. Nach einem peinlichen Schweigen bat ich ihn, mir näher zu erklären, was er damit meinte.

David antwortete mir:

„Wenn Jesus nicht in den Himmel aufgefahren wäre, dann hätte er uns nicht den Heiligen Geist senden können. Hätte er uns nicht den Heiligen Geist geschickt, gäbe es kein Pfingsten! Und ohne den Heiligen Geist würden wir heute nicht hier sitzen – tatsächlich wären wir uns wahrscheinlich nie begegnet."

David zu kennen war ein wirkliches Privileg. Das Wissen, das er auf so klare und leicht verständliche Art weitergegeben hat, ist ein Vermächtnis von unschätzbarem Wert.

Ich freue mich auf den Tag, an dem wir unseren Auferstehungsleib erhalten und mit ihm feiern werden!

Bis dahin… setzen wir seinen Dienst fort.

Steve

Kapitel 1

DAS LEBEN NACH DEM TOD

Ich möchte mit einem Abschnitt aus dem Alten Testament beginnen:

„Wie schön ist es, am Leben zu sein und das Licht der Sonne zu sehen! Freu dich über jedes neue Jahr, das du erleben darfst! Auch wenn noch viele vor dir liegen – denk daran, dass die Dunkelheit danach lange dauert! Alles, was dann kommt, ist vergeblich! Du junger Mensch, genieße deine Jugend und freu dich in der Blüte deines Lebens! Tu, was dein Herz dir sagt und was deinen Augen gefällt! Aber sei dir bewusst, dass Gott dich für alles zur Rechenschaft ziehen wird! Lass dich nicht von Kummer und Sorgen beherrschen und halte allen Schmerz von dir fern! Denn Jugend und Frische sind vergänglich. Denk schon als junger Mensch an deinen Schöpfer, bevor die beschwerlichen Tage kommen und die Jahre näher rücken, in denen du keine Freude mehr am Leben hast. Dann wird selbst das Licht immer dunkler für dich: Sonne, Mond und Sterne verfinstern sich, und nach einem Regenschauer ziehen die Wolken von neuem auf. Deine Hände, mit denen du dich schützen konntest, zittern; deine starken Beine werden schwach und krumm. Die Zähne fallen dir aus, du kannst kaum noch kauen, und deine Augen werden trübe. Deine Ohren können den Lärm auf der Straße nicht mehr wahrnehmen, und deine Stimme wird immer leiser. Schon frühmorgens beim Zwitschern der Vögel wachst du auf, obwohl du ihren Gesang kaum noch hören kannst. Du fürchtest dich vor jeder Steigung und hast Angst, wenn du unterwegs bist. Dein Haar wird weiß, mühsam schleppst du dich durch den Tag, und deine Lebenslust schwindet. Dann trägt man dich in deine ewige Wohnung, und deine Freunde laufen trauernd durch die Straßen. Ja, denk an deinen Schöpfer, ehe das Leben zu Ende geht – so wie eine silberne Schnur zerreißt oder eine goldene Schale zerspringt, so wie ein Krug bei der Quelle zerbricht oder das Schöpfrad in den Brunnen fällt und zerschellt. Dann kehrt der Leib zur Erde zurück, aus der er genommen wurde; und der Lebensgeist geht wieder zu Gott, der ihn gegeben hat." (Prediger 11,7–12,7; HfA)

Das ist ein sehr praktischer Abschnitt aus dem Alten Testament, der das wahre Leben behandelt und sich nicht scheut, die Fakten beim Namen zu nennen. In diesem und den darauffolgenden Kapiteln werde ich „das Leben nach dem Tod" näher beleuchten. Christen sind die einzigen Menschen, die sich diesem Thema wirklich stellen können. Andere Menschen müssen ihm mit Fragen, Zweifeln und Ängsten begegnen. Christen können es im Licht von Ostern betrachten. Wir werden verschiedene Themen und Aspekte des Lebens nach dem Tod untersuchen und auch den Tod selbst sehr direkt und ohne Umschweife behandeln. Er ist die bedeutendste Tatsache unseres Lebens. Er stellt das einzige künftige Ereignis dar, dass wir mit Sicherheit vorhersagen können. Daher ist es berechtigt, dass wir uns mit dem Tod auseinandersetzen, ihm in die Augen schauen und ihn als einen besiegten Feind betrachten. Genau das wollen wir in diesem Kapitel tun.

Zur Einleitung werde ich ein Interview voranstellen, das ich mit einem Mitglied meiner früheren Gemeinde geführt habe. Er war Arzt und sprach mit mir über dieses Thema. Ich vermute, dass Beschäftigte im Gesundheitswesen dem Tod öfter begegnen als die meisten anderen. Geistliche belegen vermutlich Rang zwei. Vielleicht sollte ich Bestattungsunternehmer an erster Stelle nennen, medizinisches Personal an zweiter Stelle und Geistliche als Drittes. Wie dem auch sei, wir beide haben gemeinsam, dass wir auf die eine oder andere Art ziemlich viel mit dem Tod zu tun haben. Ich werde ihm ein paar Fragen dazu stellen. Seine Antworten sollen uns helfen, uns der Tatsache des Todes zu stellen, sie aus christlicher Sicht zu betrachten und ihre Bedeutung besser zu verstehen.

David: „Als Mitglied der Ärzteschaft hast du schon ziemlich oft dem Tod in die Augen gesehen. Vermutlich hast du mehr Erfahrung mit dem Tod als die meisten Gemeindeglieder. Daher meine Frage: Hat sich deine Reaktion auf den Tod mit den Jahren verändert, von der allerersten Erfahrung bis heute? Bist du abgehärtet oder gefühllos geworden oder distanziert? Oder gehört er für dich einfach zu deinem Alltag dazu? Wie geht es dir damit?"

Arzt: „Man kann wirklich sagen, dass man mit den Jahren gegenüber dem Tod abstumpft. Zunächst ist es wie bei der ersten Operation – die meisten von uns fallen dabei fast in Ohnmacht. Offensichtlich muss man abgehärtet werden, damit man gewappnet ist und damit mental fertigwerden kann. Und dennoch – der Schock des Todes, die Tatsache, dass er manchmal so plötzlich kommt, seine unerwartete Natur ist etwas, mit dem man sich nie wirklich versöhnen kann. Natürlich bleibt der Tod ein Leben lang unser Feind. So gelingt es ihm beispielsweise, eine Operation zu vereiteln, die eigentlich erfolgreich verlaufen wäre, oder er bricht etwas ab, das normalerweise ein gutes Heilverfahren abgegeben hätte. Leider ist es unvermeidlich und natürlich, dass man irgendwie gegenüber Leiden und Tod abstumpft. Insbesondere als christlicher Arzt betet man daher ständig darum, dass man ausreichend sensibel bleibt, dass man diese Tatsachen anerkennt und nicht hart und gefühllos wird."

David: „Greifen wir diesen Punkt auf, dass der Tod ein Feind ist – die Bibel sagt genau dasselbe. Deine ureigene Berufung ist es nun, den Tod zu bekämpfen. Immer und immer wieder versuchst du, ihn zu besiegen, doch letztendlich muss dir bewusst sein, dass es nie ein vollständiger Sieg sein wird. Du kannst diesen Feind aufhalten, doch du kannst ihn nicht für immer wegschieben, was mich zu der Frage bringt: Ist, deiner Erfahrung nach, der Tod immer etwas Schlechtes? Manchmal hören wir diese Aussage: ‚Es war eine Erlösung'. Jemand leidet, hat Schmerzen und vieles durchgemacht; dann hat man den Eindruck, der Tod sei etwas Gutes. Hast du manchmal den Eindruck, der Tod hat in diesem Sinne auch etwas Positives an sich?"

Arzt: „Wenn wir die Tatsache akzeptieren, dass, wie du schon gesagt hast, jeder Mensch einmal sterben muss und der menschliche Körper so schwach und krank wird – dann ist der Tod offensichtlich eine Erlösung, und man muss ihn auch als solche akzeptieren. Natürlich bringt das viele weitere Probleme mit sich, ob man ihn zum Beispiel beschleunigen sollte, wenn jemand sich offensichtlich seinem Ende nähert. Diese Probleme sind sehr schwierig und werden in letzter Zeit heiß diskutiert."

David: „Wo würdest du eine Grenze ziehen? Manche sagen, wenn der Patient sich den Tod wünscht, sollte man seinem Wunsch entsprechen; wenn die Angehörigen ihn wünschen, befindet sich der arme Arzt in einem Dilemma. Wo würdest du die Grenze ziehen?"

Arzt: „Ich bin der Ansicht, dass der Schwerpunkt unserer Ausbildung, unserer Erziehung und unseres hippokratischen Eides darauf liegt, Leben zu erhalten und den Tod zu verhindern. Daher sollte man nicht die Rolle eines Henkers einnehmen. Das betrifft natürlich kürzlich vom Parlament verabschiedete Gesetze, über die viele Ärzte sehr unglücklich sind. Ich habe den Eindruck, wir befinden uns in einem

Zwiespalt, und man wird dabei fast schizophren; einerseits bemüht man sich, Leben zu retten und zu erhalten, Menschen zu heilen, und andererseits nimmt man das Recht in Anspruch, Leben zu beenden. Ich glaube, man verliert das Vertrauen seiner Patienten, wenn sie sich nicht sicher sein können, ob man eines Tages daherkommt und nicht nur aufhört, sie zu behandeln, sondern sie auch noch tötet. Gleichzeitig befindet man sich selbst in einem sehr schwierigen inneren Konflikt. Ich meine, wenn man möchte, dass Menschen entweder Embryos im Mutterleib oder Personen am Ende ihres Lebens töten, dann sollte man dazu Spezialisten ausbilden. Ich finde das ziemlich unmöglich."

David: „Diese Woche kam ein Arzt im Fernsehen, der sagte, wenn ein völlig hilf- und hoffnungsloser Krankheitsfall beispielsweise eine Lungenentzündung entwickeln würde, dann würde er nicht mehr eingreifen, um sie zu stoppen."

Arzt: „Das ist auch richtig. Es gibt einen großen Unterschied, ob man vorsätzlich ein Leben beendet oder den Lauf der Natur vereitelt, wenn man es so sagen will. Entwickelt jemand eine Lungenentzündung, der schwer und inoperabel krank ist oder bei dem eine Operation offensichtlich misslungen ist und der keine wahre Hoffnung auf ein glückliches Leben mehr hat, dann halte ich es für falsch, unsere modernen medizinischen Mittel einzusetzen, nur um sein Leben zu verlängern. Dasselbe gilt, wenn jemand unter starke Schmerzen leidet und man ihm eine schmerzstillende Spritze gibt, die gleichzeitig sein Leben beenden könnte. Das ist etwas ganz anderes, als auf die bewusste Bitte eines Menschen zu reagieren, sein Leben zu beenden."

David: „Ich glaube, wir sollten der Gemeinde erklären, was der hippokratische Eid ist. Es klingt ein wenig wie ‚hypokritisch', d.h. scheinheilig. Vermutlich werden viele dann erkennen, dass dein Kampf gegen den Tod nicht auf einem christlichen Prinzip beruht, sondern auf etwas anderem. Bitte erzähle uns ein wenig über Hippokrates."

Arzt: „Es ist schon lange her, dass ich den hippokratischen Eid abgelegt habe. Und ich muss zugeben, dass ich ihn nicht zitieren oder dir alle Details nennen könnte. Doch er besagt grundsätzlich, dass unsere Aufgabe darin besteht, in die Häuser der Patienten zu gehen, sie zu behandeln und uns zu bemühen, sie zu heilen, indem wir sie pflegen. Wir sollen jede korrupte Vorgehensweise oder jegliche Versuche, das Leben zu beenden, verhindern. Das alles ist fester Bestandteil des hippokratischen Eides, der, meiner Ansicht nach, humanitären Charakter hat. Der christliche Glaube kommt dann noch hinzu."

David: „Auf welches Jahr geht er zurück?"

Arzt: „Zirka 500 v. Chr."

David: „Dieser Eid wurde also vor Christus für die Ärzteschaft eingeführt. Jetzt möchte ich deine Meinung zu einer der schwierigsten Fragen hören, die mir und den Angehörigen begegnet, wenn jemand nach menschlichem Ermessen unheilbar krank ist. Es dieser Person zu sagen, ist eine schwierige und heikle Sache. Was ist deine Einstellung, wenn es darum geht, Menschen zu sagen, dass sie sterben werden?"

Arzt: „Grundsätzlich bin ich der Meinung, dass man dies tun sollte. Es gibt allerdings Ausnahmen. Manchmal wollen Menschen es nicht wissen, und sie machen es durch ihre Haltung und ihre Aussagen ziemlich deutlich. In anderen Fällen sind sie zu krank, als dass man es ihnen sagen könnte. Um ehrlich zu sein gibt es auch Fälle, in denen jemand nicht intelligent genug ist, um die Fakten zu verstehen, die man ihm präsentieren würde.

Doch grundsätzlich halte ich es für hilfreich, dem Kranken zu sagen, dass er wahrscheinlich von der Krankheit, unter der er gerade leidet, nicht genesen wird; auch wenn man ihm vielleicht kein genaues Zeitfenster geben kann. Zu den tragischsten Dingen gehört vermutlich das Versteckspiel zwischen dem Patienten und seinen Angehörigen, wenn die Verwandten meinen, sie würden den Patienten schützen, während dem Patienten die harten Fakten schon bewusst sind, er sie jedoch gleichzeitig vor seiner Familie verbergen will."

David: „Ja, das wollte ich gerade sagen. Du und ich haben beide schon die Erfahrung gemacht, dass Menschen uns gesagt haben: ‚Sag es ihnen nicht. Sie haben keine Ahnung', wobei wir sehr schnell herausfanden, dass sie es sehr wohl wussten. Dann herrscht eine unnatürliche Atmosphäre. Wer sollte es deiner Meinung nach dem Patienten sagen? Wer ist normalerweise die richtige Person dafür?"

Arzt: „Als jemand, der in einem Krankenhaus arbeitet, finde ich, dass wir oft nicht die richtigen Personen sind. Wenn es um die Ärzteschaft geht, sollte es der Hausarzt sein, der den Patienten kennt und die Möglichkeit hat, es ihm zu Hause mitzuteilen, in seiner häuslichen Umgebung. Anderenfalls wäre der Idealfall, wenn jemand aus der Familie die Nachricht überbringen könnte, ein Verwandter. Gleichzeitig kann das sehr schwierig sein, und vieles hängt dabei von diesem Verwandten ab."

David: „Sehr schwierig, und es gibt einen entscheidenden Moment für dieses Mitteilung, danach ist es zu spät. Die meisten Menschen sterben friedlich – stimmt das wirklich?"

Arzt: „Ja, das kann ich unterschreiben. Es kann vor dem Tod manchmal viel Leidvolles geben, doch letztendlich stimmt das meiner Erfahrung nach."

David: „ Ich habe in einem Buch eines Geistlichen gelesen,

er hätte noch nie jemanden unfriedlich sterben sehen, wie auch immer das Leben des Betreffenden aussah, was mich zu folgender Frage bringt: Wenn alle friedlich sterben, welchen Unterschied hast du dann zwischen dem Sterben eines Christen und eines Nichtchristen bemerkt? Gibt es einen?"

Arzt: „Ja, es ist wichtig, das anzusprechen. Manche Christen glauben, dass nur Christen wüssten, wie man stirbt. In gewisser Hinsicht mag das stimmen, doch grundsätzlich betrachtet ist es falsch, dass alle Nichtchristen im Sterben vor Angst erzittern und erbeben. Ich habe festgestellt, dass Christen in der Regel ruhig und hoffnungsfroh sterben. Es herrscht ein gewisser Friede, da ihnen bewusst wird, dass es wie eine Betäubung vor einer Operation ist, die sie überstehen und aus der sie wiedererwachen werden. Im Gegensatz dazu ertragen Nichtchristen den Tod oft mit einer stoischen Fassung; sie hoffen das Beste, doch wenn dann nichts mehr kommt, wird es halt dunkel und es ist vorbei. Das ist, meiner Meinung nach, der Unterschied."

David: „Wie hat das alles dein eigenes Denken beeinflusst? Du bist Christ und hast den Tod schon oft gesehen. Hast du schon einmal über deinen eigenen Tod nachgedacht? Das ist eine persönliche Frage. Und hat sich deine Erfahrung als christlicher Arzt auf deine eigene Einstellung zu diesem Thema ausgewirkt?"

Arzt: „Ja, das hat sie. Habe ich schon über meinen eigenen Tod nachgedacht? Vermutlich nicht mehr als die meisten anderen in der Gemeinde. Es ist wie bei einer Krankheit. Man sieht so viel davon, dass man nicht glaubt, dass es einen selber treffen könnte, und oft sind Ärzte die schlimmsten Patienten. Sie begeben sich mit ihren Symptomen viel später in medizinische Behandlung als der Durchschnittsbürger. Hat mir mein Glaube geholfen? Ja, das hat er. Wenn man beispielsweise jemanden kennenlernt, der eine sehr wache und aufgeweckte Persönlichkeit hat, und mit ihm spricht – und dann plötzlich, vielleicht durch eine Komplikation, stirbt dieser Mensch und nur eine Leiche bleibt übrig. Selbst wenn man den christlichen Glauben außer Acht lässt, ist es allein auf Grundlage des menschlichen Instinkts höchst schwer zu glauben, dass diese Persönlichkeit einfach ausgelöscht worden ist."

David: „Deine wissenschaftliche Ausbildung als Arzt hat also in diesem Sinne nicht deinen Glauben an ein Leben nach dem Tod verdrängt? Es gab mal einen Biologen, der eine Leiche obduzierte und erklärte, er hätte nirgendwo eine Seele finden können, wie stehst du dazu?"

Arzt: „Ich glaube, dass es viele abstrakte Aspekte des Lebens gibt, die man bei einer Obduktion nicht entdecken kann; zweifellos wird man die menschliche Persönlichkeit dabei nicht finden. Andererseits ist die menschliche Persönlichkeit etwas sehr Reales. Ich persönlich gehe davon aus, dass unsere wissenschaftliche Erkenntnis gewissermaßen eher durch unseren Glauben gestärkt wird statt andersherum."

David: „Vielen Dank, dass du heute Morgen dabei warst und dich unseren Fragen gestellt hast."

....

Vermutlich kennen Sie die mittlerweile wohlbekannte Geschichte, wie die ersten christlichen Missionare in meine Heimat Northumbria kamen, ganz oben im Norden Englands. Bei ihrer Ankunft am Hof von König Edwin wurden sie zu einem Bankett eingeladen. Stellen Sie sich die Szene vor. Es gab eine lange, niedrige Halle mit einer Türöffnung an beiden Enden, einen mit Binsenmatten belegten Boden und Lampen an den Wänden. Der König hatte diese Missionare zu Gast und stellte ihnen viele Fragen über ihren Glauben, den er noch nicht kannte.

Während er sprach, flog ein Spatz zu einer Tür hinein, durch den erleuchteten Raum und zur anderen Tür wieder hinaus. König Edwin wandte sich an die Missionare und sagte: „So ist mein Leben. Ich komme aus einer unbekannten Welt; ich passiere den hell erleuchteten Raum dieser Welt und verlasse ihn wieder, in die Dunkelheit hinein. Kann eure Religion mir das erklären? Wo gehe ich hin?" Sie konnten es ihm erklären. König Edwin wurde Christ und Northumbria damit zu einem christlichen Königreich.

Die Frage, die Hiob damals im Alten Testament stellte, ist immer noch die dringlichste Frage überhaupt: „Meinst du, ein Mensch wird wieder lebendig, wenn er gestorben ist?" (Hiob 14,14) Was uns nun interessiert, ist nicht, ob ich in der Erinnerung anderer Menschen weiterleben werde oder in der Arbeit, die ich getan habe, oder durch meine Kinder oder durch den Einfluss, den ich ausüben durfte, sondern, ob ich als Person weiterlebe. „Meinst du, ein Mensch wird wieder lebendig, wenn er gestorben ist?" Genau diese Frage werden wir in diesem Buch behandeln. Zunächst wollen wir die Tatsache des Todes betrachten – wenn wir ihr direkt ins Auge geschaut haben, steuern wir weitere Themen an. Doch es ist wichtig, dass wir uns der Tatsache des Todes stellen.

Die Dichter sind sich alle einig, dass der Tod unausweichlich ist. Hier kommen nur zwei Beispiele: „Eines ist sicher, der Rest ist Lüge; die Blum, die einst blühte, stirbt für immer" (Edward Fitzgerald). Ein anderes Gedicht lautet: „Rasch tritt der Tod den Menschen an, es ist ihm keine Frist gegeben, es stürzt ihn mitten in die Bahn, es reißt ihn fort vom vollen Leben" (Friedrich Schiller). Jede Sekunde stirbt irgendwo auf der Welt ein Mensch.

Jedes Mal, wenn wir uns auf die Straße begeben, sehen wir dem Tod ins Auge. Er kann langsam oder plötzlich kommen, unerwartet oder absehbar. Er kommt zu Alten und zu Jungen. Beerdigungsunternehmen sind nie von Arbeitslosigkeit oder Streiks betroffen, und ich glaube, das wird auch bis zum Ende der Geschichte so bleiben. Wenn nun eine Tatsache so sicher ist wie diese, wie dumm ist es dann, sich nicht darauf vorzubereiten. Nehmen wir einmal an, Sie wüssten, dass Sie in sechs Monaten nach Kanada auswandern würden. Sie wären ein großer Narr, wenn Sie nie darüber nachdächten, nie etwas darüber nachläsen oder sich überhaupt nicht darauf vorbereiteten; wenn Sie sich nie die Fragen stellen würden, was Sie mitnehmen und was hierlassen sollten. Sie wären der größte Dummkopf, wenn Sie keinerlei Reisevorbereitungen treffen würden. Die Abreise würde Sie unvorbereitet treffen und Sie wären nicht bereit. Allerdings ist es schlicht und einfach so, dass Millionen von Menschen sich absolut sicher sind, dass sie eines Tages sterben werden, davon jedoch weder etwas wissen noch darüber nachdenken wollen und sich auch nicht die Frage stellen: „Was kann ich mitnehmen und was muss ich zurücklassen?"

Hier kommen ein paar weitere Verse, wieder aus dem Alten Testament: „Der Tag des Todes ist besser als der Tag der Geburt. Geh lieber in ein Haus, wo man trauert, als dorthin, wo gefeiert wird. Denn im Trauerhaus wird man daran erinnert, dass der Tod auf jeden Menschen wartet. Wer noch lebt, sollte sich dies zu Herzen nehmen! Kummer ist besser als Lachen, Trauer verändert den Menschen zum Guten. Der Weise geht dorthin, wo man trauert, aber der Unverständige hat nichts anderes im Sinn, als sich zu vergnügen" (Prediger 7,1–4). Das unterteilt die Welt in weise Menschen, die über den Tod nachdenken, und dumme Menschen, die ihn aus ihrem Denken verbannen.

Damit niemand denkt, dass es sich um ein AT-Thema handelt, möchte ich Sie an Folgendes erinnern: Der einzige Mann, den Jesus jemals einen Narren nannte, war der, der niemals über den Tod nachdachte und für ihn keine Vorsorge traf – jemand, der sagte: „Ich werde mein Geschäft weiter ausbauen, meine Scheunen abreißen und größere bauen." Gott sagte zu ihm: „Du Narr. Noch diese Nacht wird man deine Seele von dir fordern. Du wirst alles zurücklassen müssen, darüber hast du nie nachgedacht. Du hast dich nie darauf vorbereitet."

DAS LEBEN NACH DEM LEBEN NACH DEM TOD

Ein Mann lebte in unserer Nachbarschaft in Buckinghamshire. Als er das Ende seines Lebens erreichte, war er stark im Glauben. Als man ihm sagte, dass er sterben würde, schrieb er an seine nächsten Angehörigen und lud sie ein, ihn zu besuchen und bei ihm zu bleiben. In seinem Brief forderte er sie auf: „Kommt und seht wie ein Christ stirbt." Was für eine erstaunliche Herausforderung! Dieser Mann hatte sich seit Jahren darauf vorbereitet; er hatte darüber nachgedacht und war bereit; er befand sich auf der Weiterreise und wollte sich nun verabschieden.

Es gibt heutzutage eine große Zurückhaltung, sich dieser größten Tatsache des Lebens zu stellen. Das zeigt sich in vielerlei Weise, doch in den letzten Jahrzehnten ist das Trauern verpönt. Heutzutage trauert man nicht mehr. Man sollte anderen Menschen weder sagen, dass man einen Angehörigen verloren hat, noch schwarz tragen. Der Beerdigungszug sollte nicht langsam voranschreiten. Alles muss schnell über die Bühne gehen – das veranschaulicht einen bemerkenswerten Wandel in der britischen Gesellschaft in den letzten 50 Jahren. Ich weiß noch, wie ich mich mit einem Soziologen unterhielt, der selbst etwas über 50 Jahre alt war. Er hatte zwei Jahre damit verbracht, die britische Haltung zum Tod zu untersuchen, und dafür Tausende von Hinterbliebenen interviewt. Nachdem er unser Sozialverhalten studiert hatte, kam er zu dem Schluss, dass England heute vor dem Tod davonläuft.

Sie dürfen nicht einmal das Wort „gestorben" verwenden. „Von uns gegangen" ist als Begriff in Ordnung, aber gestorben geht gar nicht. Sie dürfen diese Tatsache nicht feststellen, sondern müssen sie sprachlich anders „verkleiden", sodass der Tod Ihren Mitmenschen nicht bewusst wird. Vielgelesenen Romane wie „Der Antiquitätenladen" von Charles Dickens, mit ausführlichen Sterbeszenen wie im Fall der kleinen Nell, gibt es heute nicht mehr. Diese Art viktorianischen Melodramas ist aus der Mode gekommen. Während in der Unterhaltungsindustrie und in Romanen ein starker Fokus auf dem gewaltsamen Tod liegt, wird der harte Fakt des Todes vermieden. Man läuft vor ihm davon; das gilt selbst für die Gemeinde. Vor zirka 80 Jahren haben Prediger den Tod regelmäßig erwähnt. Jetzt hört man kaum noch eine Predigt über dieses Thema.

Zwei Männer unterhielten sich, einer war Christ, der andere nicht. Der Nichtchrist fragte: „Hast du dich dem Tod gestellt?" Woraufhin der Christ antwortete: „Ja." „Du glaubst also, du wirst ihn überleben?" „Ja", antwortete der Christ. „Du glaubst, du kommst in den Himmel, wenn du stirbst?", fragte der Nichtchrist. „Ja", bekam er zur Antwort, „aber lass uns nicht über etwas so Morbides sprechen." Dadurch offenbarte er, dass er sogar als Christ, als Kirchgänger ein Gespräch über den Tod und den Himmel für morbid hielt. Bedenkt man, dass unsere Vorväter sich darüber freuen, dass der Tod besiegt ist, dem Himmel erwartungsvoll entgegensahen und ständig darüber sprachen, dann erkennen Sie, dass eine richtige Phobie die Gesellschaft ergriffen hat und sich auch in die Gemeinde einschleicht.

Ich gebe Ihnen ein weiteres Beispiel. Betrachten Sie alle christlichen Liederbücher, die in den letzten Jahrzehnten herausgekommen sind, und Sie werden feststellen, dass es zahlenmäßig und statistisch gesehen immer weniger geistliche Lieder über den Himmel und das Leben nach dem Tod gibt. Die Zahl der Loblieder über den Himmel nimmt ab, d.h. wir laufen auch vor dieser Tatsache davon. Warum? Warum mögen die Menschen dieses Thema nicht? Warum wollen wir es aus unserem Denken verbannen? Dafür gibt es mehrere Gründe.

Einer besteht darin, dass es uns hier zu gut geht. Das Leben ist zu angenehm, als dass wir darüber nachdenken würden, es hinter uns zu lassen. Wir haben es uns hier so bequem gemacht, während der Gedanke an den Tod uns vermittelt: „Du wirst das alles zurücklassen." Wir haben so viel, was wir zurücklassen müssten, dass wir bei diesem Gedanken immer zurückhaltender werden. Ein Gemeindemitglied ging von Tür zu Tür, um

Menschen einzuladen, und sagte: „Wir sind hier, um Sie in unsere Gemeinde einzuladen. Unser Pfarrer wird eine besondere Predigtreihe über den Himmel halten, und wir möchten Sie einladen, ihm zuzuhören." Ein Hausbesitzer sah sich in seinem herrlichen Anwesen um: schöne Teppiche, teure Möbel, ein Pool im Garten und mehrere Autos in der Garage. Dann sagte er: „Sagen Sie Ihrem Pfarrer: Das hier ist der Himmel." Das war eine sehr ehrliche Antwort. Wir empfinden unser Leben als zu gut, um es verlassen zu wollen. Wir haben viel mehr als unsere Großeltern je besessen haben. Sie mussten nicht so viel zurücklassen. Wir müssen so viel mehr aufgeben, und daher wollen wir nicht daran erinnert werden, dass wir nicht ewig hier sind.

Ein reicher Mann investierte einen Großteil seines Geldes in Bilder, die er alle in seinem großen Haus aufhängte, mit einer entsprechenden Beleuchtung und so angeordnet, dass Besucher sie betrachten konnten. Eines Abends sah sein Butler, wie er mit Tränen in den Augen herumlief. Er betrachtete seine Bilder und murmelte vor sich hin: „Ihr macht es mir so schwer zu sterben. Ihr macht es mir so schwer zu sterben." Darum sagte Jesus bereits vor 2000 Jahren: „Investiert in den Himmel; sammelt keine Schätze für euch auf der Erde, denn wo eure Schätze sind, wird auch euer Herz sein. Sammelt euch Schätze im Himmel. Wenn euer Herz dort ist, dann wird es keinen Abbruch geben, wenn der Himmel kommt."

Der zweite Grund ist, dass Menschen nicht mehr an eine andere Welt glauben als die, die sie berühren, sehen, hören, schmecken und riechen können. Mit anderen Worten, der Zweifel an irgendeiner anderen Welt ist weitverbreitet. Nur diese Welt, die materiell und greifbar ist und die wir kennen, erscheint uns real. Vor etwa 30 Jahren sagte ein Journalist: „Vor 40 Jahren hörten die Briten auf, an die Hölle zu glauben. Vor 20 Jahren gaben sie auch ihren Glauben an den Himmel auf." Meiner Ansicht nach hatte er größtenteils Recht, auch wenn eine unabhängige Meinungsumfrage im Fernsehen ergeben hat, dass nur 65 Prozent der Briten an nichts mehr glauben; weder an eine andere Welt, noch an ein Leben nach dem Tod. Die anderen 35 Prozent tun es offensichtlich noch.

Der dritte Grund ist, dass wir verstörende Ideen einfach nicht mögen, und der Tod ist nur eine von vielen Ideen, die uns verstören. Im Fernsehen erscheint ein Bild von verhungernden Kindern, und möglicherweise wechseln Sie den Kanal, um diesen beunruhigenden Eindruck aus Ihrem Denken zu verbannen. Wir leben in einer Zeit, in der das Verlangen so groß ist, die Gegenwart zu genießen, dass alles, was unser Leben heute stört, ausgeschaltet werden kann. Es könnte gut sein, dass wir aus diesem Grund vor dem Tod auf der Flucht sind.

Der vierte Grund ist tiefgehender und war schon immer zutreffend: Niemand von uns beendet gerne eine Beziehung. Haben wir einmal eine Beziehung entwickelt, so gefällt es uns nicht, sie wieder zu beenden. Interessanterweise kann man Folgendes beobachten: Menschen gewöhnen sich genauso schlecht daran, eine Beziehung durch den Tod enden zu lassen, wie es ihnen schwerfällt, sich am Urlaubsende von den Mitgliedern ihrer Reisegruppe zu verabschieden, in dem Wissen, dass sie diese vermutlich nie wiedersehen werden. Eine Art damit umzugehen ist, viele Bilder zu machen oder Souvenirs auszutauschen. Es gibt alle möglichen Wege, Beziehungen zu beenden. Sie haben beispielsweise eine 14-tägige Gruppenreise nach Übersee gemacht. Am ersten Tag im Bus kannten Sie Ihre Mitreisenden nicht. Nach einer Woche sprechen Sie einander mit Vornamen an. Am Ende tauschen Sie Adressen und alle möglichen anderen Dinge aus, doch diese Beziehungen werden enden.

Es ist interessant, dass Sie die Beziehungen zu einer solchen Reisegruppe auf dieselbe Weise beenden werden wie im Todesfall. Entweder sagen Sie sich: „Diese Gruppe werde ich jetzt einfach hinter mir lassen und auch nicht mehr an sie denken. Ich werde mich noch an den Urlaub erinnern, aber mich nicht darum bemühen, die Beziehungen aufrechtzuerhalten." Oder Sie werden versuchen, einem Foto dieser Reisegruppe als Andenken einen besonderen Platz zu geben, doch diese Beziehungen werden nicht aufrechterhalten. Mit anderen Worten, niemand von uns mag es, Beziehungen zu beenden. Doch ich glaube, tief in unserem Inneren laufen wir vor dem Tod davon, weil die meisten von uns ihn fürchten.

Lassen Sie uns nun diese Angst ein wenig näher betrachten. Cliff Richard wurde einmal gefragt: „Hast du Angst vor dem Tod?" Seine Antwort war erstaunlich und sehr eindrücklich, etwas, womit sich viele Christen vermutlich identifizieren würden, zumal Cliff Richard selbst Christ ist. Er sagte: „Ich habe keine Angst vor dem Tod, aber ich habe Angst vor dem Sterben." Das war eine sehr ehrliche Antwort. Er hatte keine Angst vor dem Tod. Die Angst vor dem Tod war für ihn durch Christus bezwungen worden, doch er fürchtete sich vor dem Sterben. Warum sollten sich Menschen, die keine Angst vor dem Tod haben, vor dem Sterben fürchten?

Ein Grund ist die Schwäche, die dem Tod vorausgehen und zum Tod führen kann, sei sie physisch oder mental. Ich muss Ihnen etwas ganz offen bekennen: Nachdem ich ältere Menschen besucht habe, die körperlich und oft auch geistig so schwach sind, dass man sie wie kleine Kinder pflegen muss, wiederhole ich das Gebet von Reverend John Wesley: „O Herr, lasse nicht zu, dass ich unnütz dahinlebe." Vermutlich würden die meisten von uns dem zustimmen. Nicht allen von uns wird jedoch dieses Privileg zuteilwerden. Es ist wunderbar, bei der Arbeit zu sterben, aber viele uns haben vermutlich aufgrund der Schwäche, die dem Sterben vorausgeht, Angst davor; und auch aufgrund des Leidens, das damit im Zusammenhang stehen kann. Die meisten von uns fürchten sich vor einem langen Leiden. Allerdings ist das in gewisser Hinsicht nicht Sterben, sondern etwas, das davor kommt.

Warum sollten wir vor dem Sterben selbst Angst haben? Viele haben es. Ein Grund ist natürlich, dass es sich um eine neue Erfahrung handelt, die wir noch nie gemacht haben, und die meisten von uns sind nervös, wenn etwas geschieht, was wir noch nie erlebt haben. Dann spürt man seine Nerven. Falls Sie getauft worden sind, waren Sie bestimmt davor nervös. Da Sie nun wissen, wie das ist, wären Sie bestimmt nicht wieder aufgeregt, wenn es nochmal passieren würde. Vielleicht wünschen Sie sich sogar, nochmal ohne die ganze Aufregung getauft zu werden, denn sie war völlig überflüssig. Nervös waren Sie jedoch, weil es eine neue Erfahrung war. Sie waren noch nie als Erwachsener getauft worden. Gleichermaßen sind Tod und Sterben neue Erfahrungen, die wir noch nicht gemacht haben.

Rein menschlich gesehen ist es auch eine einsame Erfahrung, denn wir müssen sie ganz allein durchmachen. An diesem Punkt brauchen wir Jesus Christus, denn unsere Verwandten können nicht mit uns kommen, doch Jesus kann es und er tut es. Ich habe das so oft erlebt, als ich Menschen im Krankenhaus besuchte. Mir ist aufgefallen, dass Christen im Sterben nicht einsam sind, denn Jesus Christus kann mit ihnen durch diese Erfahrung hindurchgehen. Es ist eine endgültige Erfahrung, und vielleicht ist es dieser Aspekt, der uns Angst macht. Wir müssen ihm direkt ins Auge sehen. Er erinnert uns daran, dass unser Leben vorbei ist, dass die Zeit für Entscheidungen rum ist, dass die Zeit des Säens nun hinter uns liegt.

Wahrscheinlich gibt es unter meinen Lesern niemanden, der am Ende seines Lebens sagen könnte: „Ich kann mich dem Tod ohne Bedauern stellen, ohne Gewissensbisse. Wenn ich mein Leben nochmal leben könnte, hätte ich diese oder jenes nicht anders gemacht oder diese Entscheidung nicht anders getroffen." Jeder von uns wird am Ende seines Lebens Aspekte seiner Lebensführung bereuen. Die Zeit zu säen ist vorbei. Die Zeit, Entscheidungen zu treffen, ist abgelaufen. Unser Leben ist zu Ende, und wir können es nicht zurückholen. Wir fürchten uns vor der Herausforderung, uns einem vollendeten Leben zu stellen.

Die andere Seite der Medaille ist folgende: Gehen wir einmal davon aus, dass die Zeit zu säen vorbei ist; dann gibt es eine

Zeit der Ernte. Nehmen wir einmal an, dass ich mich wie ein Narr verhalten habe, und nun muss ich dafür bezahlen. Gehen wir einmal davon aus, dass die Bibel Recht hat und dass der Mensch tief in seinem Innern weiß, dass es in der künftigen Welt Gerechtigkeit geben wird, auch wenn sie in dieser Welt nicht gilt – dann beginnen wir, die tiefste Quelle der Todesangst anzuzapfen. Mit anderen Worten, der entscheidende Punkt ist: Wenn nach dem Tod nichts mehr kommt, dann könnten sich Menschen ihm ohne Furcht stellen. Vielleicht haben sie eine Ablehnung gegen den Tod und versuchen, ihn so lange wie möglich hinauszuschieben, doch wenn er kommt, können sie ihm ins Auge sehen. Mir ist aufgefallen, dass Menschen, die nicht an ein Leben nach dem Tod glauben, auch keine Angst vor dem Tod haben. Es ist die Möglichkeit, dass es nach dem Tod noch etwas geben könnte, die Menschen Angst macht.

John Wesley saß in einer Kutsche, die zur Hyde Park Corner fuhr, nach Tyburn, wie es damals hieß, gemeinsam mit einem Mann, der dort gehängt werden sollte. Dieser Mann zitterte, und John Wesley fragte ihn: „Hast du Angst?" Er sagte: „Ja, ich habe Angst." „Wovor fürchtest du dich? Hast du Angst zu sterben?" „Nein, ich habe keine Angst zu sterben. Ich habe dem Tod schon hundertmal ins Auge gesehen." Er war ein Straßenräuber. John Wesley fragte weiter: „Wovor fürchtest du dich dann?" Er antwortete: „Vor dem, was danach kommt." Die Angst vor dem Tod war die Furcht, sich seinem Leben stellen zu müssen – die Furcht, dass er zur Rechenschaft gezogen würde. Aus diesem Grund werden wir uns nun in diesen Kapiteln der Zukunft stellen, dem Leben nach dem Tod.

Es gibt fast so viele Vorstellungen über das Leben nach dem Tod wie es Menschen gibt. Manche dieser Ideen sind furchtbar falsch. Ich möchte Ihnen jetzt sechs präsentieren, denen ich begegnet bin. Zunächst einmal gibt es die Annahme, dass der Tod gar nicht existiert, dass er nicht wirklich eintritt, sondern dass er nur in der Vorstellung passiert. Das ist eine ungewöhnliche

Sicht der Dinge. Nicht viele Menschen hängen ihr an. Diese Sicht gehört zur grundlegenden Philosophie der Christlichen Wissenschaft, dass der Tod nicht real ist. Er geschieht nicht wirklich, sondern findet nur in unseren Gedanken statt.

Zweitens gibt es diese Vorstellung, die ich bereits erwähnt habe, dass Sie in Ihren Kindern, in deren Erinnerungen, in der Arbeit, die Sie getan haben, weiterleben. Ein chinesisches Sprichwort besagt, dass nur vier Dinge in diesem Leben wirklichen Wert besitzen: einen Baum zu pflanzen, ein Buch zu schreiben, ein Haus zu bauen und einen Sohn zu zeugen. Der Grund für diese Annahme liegt darin, dass nur diese vier Dinge weiterbestehen werden, nachdem Sie gestorben sind, und dass nur sie dazu führen werden, dass Menschen sich an Sie erinnern. Diese Annahme, dass Sie auf diese Art weiterleben, ist falsch.

Drittens hängen Menschen einer Vorstellung an, die ich schon genannt habe: Wenn der Tod kommt, dann ist alles zu Ende, dann gibt es nichts mehr; der Vorhang senkt sich, die Lichter gehen aus und Sie geraten in Vergessenheit – es gibt dann absolut nichts mehr, alles ist vorbei. Laut der Bibel ist das eine völlig falsche Vorstellung. Übrigens haben Menschen, die diese Sicht für richtig halten, die Tendenz, Folgendes zu behaupten: Himmel und Hölle sind das, was Sie hier aus Ihrem Leben machen, d.h. Menschen leben hier auf der Erde entweder im Himmel oder in der Hölle. Auch das ist völlig unzutreffend. Niemand auf dieser Welt lebt im Himmel oder in der Hölle. Sie können sich Ihren eigenen Himmel oder Ihre eigene Hölle nicht erschaffen.

Viertens gibt es das Prinzip der Reinkarnation, dass ich nach meinem Tod als eine andere Person wiederkommen werde. Ich habe eine Zeit lang mit zwei liebenswerten Damen eine Studentenbude geteilt. Sie waren fest davon überzeugt, dass ich „eine alte Seele" sei, wie sie es nannten. Eine Zeit lang habe ich nicht verstanden, was sie damit meinten. Doch später wurde mir klar, was sie damit sagen wollten, nämlich, dass ich früher schon einmal existiert hätte. Das einzige Problem mit dieser Annahme war, dass ich keinerlei Erinnerung daran hatte, daher nützte sie mir nichts. Allerdings ist diese Idee der Reinkarnation sehr weit verbreitet, im Osten stärker als im Westen, doch Menschen in der westlichen Welt beginnen jetzt, ebenfalls daran zu glauben. Selbst christliche Geistliche spielen manchmal mit diesem Konzept herum. Diese Vorstellung, dass man freundlich zu seinen Haustieren sein soll, weil eine Ente beispielsweise die Mutter eines Freundes sein könnte, ist in der Bibel nirgendwo zu finden. Das ist übrigens die Extremform der Reinkarnation, dass man als Tier wiederkommt statt als Mensch, weil man sich in einem früheren Leben schlecht benommen hat.

Eine fünfte Idee besagt, dass es mit Ihrem Körper aus und vorbei ist, wenn Sie sterben. Ihre Seele aber schwebt weiter – in eine wunderschöne Form der Existenz, das hält man für die absolute Wahrheit über die Zukunft. Auch das entspricht nicht der Realität. Mit Ihrem Körper ist es nicht aus und vorbei, wie wir noch sehen werden. Dann gibt es noch die Vorstellung des Heilsuniversalismus, bei der jeder glaubt, dass er an einen besseren Ort kommt, wenn er stirbt. Jemand ging einmal auf einem Friedhof spazieren, las die Inschriften auf den Grabsteinen und fragte dann einen der Männer, die dort arbeiteten: „Wo begraben Sie denn die Sünder auf diesem Friedhof?" Denn alles, was er auf Grabsteinen las, war: Alle sind gut, alle sind an den richtigen Ort gekommen und alle sind jetzt glücklich etc. Auch diese Vorstellung ist nicht biblisch. Manchmal, wenn ich den Satz: „Ruhe in Frieden" gelesen habe und etwas über die Person wusste, deren Namen über diesem Satz auf dem Grabstein stand, habe ich mich gefragt, ob diese Formel nicht sehr weit hergeholt war.

Wo erfahren wir die Wahrheit? Manche sagen: „Man kann das nicht wissen. Deine Vermutung ist genauso berechtigt wie meine, wir haben alle keine Ahnung. Wenn du also dies oder jenes glauben willst, ist das in Ordnung. Ich glaube lieber etwas anderes, lass mir meinen Glauben." Die Wissenschaft hat keine

Antworten für uns, da sie sich nur mit dieser Welt beschäftigen kann. Unser Gefühl kann uns keine Antwort geben, doch es ist der gefährlichste Ratgeber bei der Frage von Leben und Tod. Unser Gefühl beginnt sein Glaubensbekenntnis mit den Worten: „Ich hätte gerne, dass" und fügt dann das hinzu, was man sich am meisten wünscht: „Ich hätte gerne, dass er dies tut" oder „dass sie das tut."

Nein, die wahre Quelle unserer Erkenntnis darf weder die Wissenschaft noch das Gefühl sein. Unsere wahre Quelle muss die Bibel sein. Glauben wir, dass dieses Buch nicht einfach nur von Menschen geschrieben wurde, sondern ein Werk Gottes ist, das seine Gedanken vermittelt, dann gilt: Gott ist die einzige Person im gesamten Universum, die weiß, was mit mir passiert, wenn ich sterbe. Ich möchte Ihnen einige Aussagen vorstellen, die ich in den folgenden Kapiteln noch weiter ausführen werde. Sie vermitteln Ihnen zusammenfassend, was die Bibel über den Tod sagt.

Hier kommen sie: Erstens, der Tod ist real. Die Bibel nimmt das Konzept des Todes äußerst ernst. Sie scheut sich nicht davor, das Wort „gestorben" oder „starb" oft zu verwenden, und wenn Sie die Bibel durchgehen und alle diese Begriffe unterstreichen, werden Sie höchst erstaunt sein. Der Tod ist real. Die Bibel stellt sich ihm. Das Kreuz ist das Herzstück unseres Glaubens. Daher gründet sich der christliche Glaube auf einen Glauben, der dem Tod in seiner brutalsten Form in die Augen geschaut hat – dem Tod in seiner schrecklichsten Erscheinung, dem Tod eines jungen Mannes von 33 Jahren, der ermordet wurde. Wir haben uns dem Tod ganz direkt gestellt, im Zentrum unseres Glaubens, und haben das durchgestanden. Daher lautet der erste Aspekt der biblischen Haltung zum Tod: Der Tod ist real.

Zweitens ist der Tod laut meiner Bibel ein Feind. Er ist ein Fremder, ein feindseliger Eindringling in diese Welt. Daher muss er im Namen Gottes bekämpft werden. Er gehört nicht zu Gottes Schöpfungsordnung, sondern zu Satans Lebensordnung.

Der Tod ist etwas, das Männern und Frauen nie hätte passieren sollen. Er ist mit dem Bösen untrennbar verbunden. Wer also sagt, der Tod sei etwas Gutes, befindet sich im Widerspruch zur Bibel. Die Bibel sagt ausnahmslos, dass der Tod real und etwas Schlechtes sei. Er ist böse, ein Feind, ein Räuber und jemand, den wir bekämpfen müssen.

Drittens, die Bibel lehrt uns, dass der Tod niemals das Ende irgendeiner Person bedeutet. Im Tod mögen sich Körper und Geist voneinander trennen, doch er markiert weder das Ende des Geistes noch des Körpers. Er ist niemals das Ende. Ziehen wir zum Beweis nur eine Aussage Jesu heran: Jesus lehrt, dass alle, die im Grab liegen, auferstehen werden – alle. Dazu gibt es keine Ausnahme; der Tod ist nie das Ende irgendeiner Person.

Viertens, die Bibel erklärt, dass es nach dem Tod nicht nur ein Schicksal gibt, sondern zwei und ausschließlich zwei. In dieser Frage ist die Bibel eindeutig. Wir kommen nicht alle an denselben Ort, sondern an einen von zwei Orten.

Fünftens, dieses Leben ist entscheidend für die Frage, welches dieser beiden Schicksale uns treffen wird, d.h. was wir hier vor dem Tod tun, wird ausnahmslos darüber entscheiden, was wir nach dem Tod tun werden.

Aus diesem Grund folgt, sechstens, auf den Tod immer das Gericht, wenn auch nicht sofort. Damit meine ich den Tag der Abrechnung, die Stunde der Wahrheit. Das Neue Testament sagt es ganz einfach: „Jeder Mensch muss einmal sterben und kommt danach vor Gottes Gericht" (Hebräer 9,27).

Siebtens, daraus folgt, dass der Stachel des Todes die Sünde ist. Was meine ich nun damit? Was den Tod so schrecklich macht, ist die Tatsache, dass wir vor unserem Tod nicht so gelebt haben werden, wie wir es eigentlich sollten. Das ist der wahre Grund, der es so schwer macht, sich dem Tod zu stellen. Genau darin liegt das wahre Problem, das uns anstarrt, wenn wir uns der Tatsache stellen, dass wir uns nach dem Tod in einem Zustand befinden werden, der vor dem Tod schon entschieden wurde. Es ist die Sünde, es ist das Fehlverhalten, das es so schwierig macht. Hinter allen unseren Ängsten vor einer einsamen Erfahrung, einer neuen Erfahrung, vor Schmerz, Schwäche und Leid, hinter allen diesen Ängsten steht diese menschliche Furcht: Nach dem Tod werde ich für das bezahlen, was ich vor dem Tod getan habe.

Als letzten Punkt in diesem Kapitel will ich erwähnen, dass der Tod in der Bibel ein besiegter Feind ist. Warum? Weil die Sünde besiegt worden ist; als Christus gestorben ist, wurde die Sünde besiegt und der Stachel des Todes entfernt. Als Christus auferstand, wurde der Tod selbst besiegt. Und aus diesem Grund gebrauchte Jesus eine beschönigende Umschreibung für den Tod. Er sagte immer wieder, jemand sei „eingeschlafen". Das ist ein wunderschöner Ausdruck. „Von uns gegangen" oder „vergangen" (Englisch *passed away*) sollte man als Christ nicht verwenden, denn in der Bibel bedeutet dieses Wort, dass etwas absolut zu Ende ist. „Die Welt vergeht, Prophetie vergeht", d.h. sie werden nicht mehr weiterbestehen, sagen Sie daher nicht „vergangen" oder „von uns gegangen". „Eingeschlafen" ist ein besserer Begriff, denn jemand der eingeschlafen ist, kann auch wieder aufgerüttelt und aufgeweckt werden.

Als man daher die Tochter des Jairus für tot erklärte, sagte Jesus, wie Sie sich vielleicht erinnern: „Sie ist nicht tot. Sie schläft nur." Das heißt, er würde sie aufwecken, und genau das tat er auch. Als Lazarus gestorben war, sagte Jesus zu seinen Jüngern: „Lazarus schläft." Sie dachten: „Das ist in Ordnung. Er schläft sich einfach nach seinem Fieber mal richtig aus." Doch Jesus sagte: „Nein, das habe ich nicht gemeint. Für euch ist Lazarus tot; für mich schläft er nur. Ich werde ihn auferwecken."

Catherine Marshall, die Ehefrau von Peter Marshall, dem Geistlichen des Senats der Vereinigten Staaten, beschreibt in ihrem wunderbaren Buch *A Man Called Peter* (Ein Mann namens Peter), der Lebensgeschichte ihres Ehemanns, wie er eines Morgens schwerkrank aus ihrem Haus gebracht wurde. Damals war er noch ziemlich jung, und sie verabschiedete sich von ihm.

In ihrem Herzen spürte sie, dass sie ihn nicht wiedersehen würde, was auch zutraf. Seine letzten Worte, die er an sie richtete, waren: „Wir sehen uns morgen früh. Wir sehen uns morgen früh."

Christen sprechen von den Menschen, die in Christus Jesus eingeschlafen sind – die Sünde ist besiegt, der Tod ist besiegt, daher können wir sagen: „Sie schlafen nur. Sie sind nicht von uns gegangen. Sie schlafen nur und werden aufgeweckt." Ich werde im nächsten Kapitel näher darauf eingehen, wenn wir den Zustand der Menschen betrachten, die gestorben sind und mit uns gemeinsam auf den Auferstehungsmorgen warten. Was sagt uns die Bibel dazu?

Doch nun wollen wir uns darüber freuen: Von allen Menschen im gesamten Universum können Christen dem Tod furchtlos in die Augen schauen, in dem Wissen, dass es sich zwar um einen Feind handelt, der jedoch besiegt worden ist. Erinnern wir uns an die Worte Winston Churchills über den verstorbenen König Georg VI, der zweifellos Christ war. Churchill sagte über ihn: „In den letzten paar Monaten ist der König mit dem Tod an seiner Seite gegangen, als wäre der ein Begleiter, ein Bekannter, den er erkannte und vor dem er keine Angst hatte. Während der letzten Monate hat dem König nicht nur seine natürliche Lebenskraft Mut gegeben, sondern auch die Ernsthaftigkeit seines christlichen Glaubens." Möge Gott uns allen dieselbe Gnade schenken.

Kapitel 2

ZWISCHEN TOD UND AUFERSTEHUNG

Lesen Sie Lukas 16,19–31, einen Abschnitt, in dem Jesus mehr über das Leben nach dem Tod gesagt hat als irgendwo sonst in allen seinen Ausführungen. Es handelt sich um eine Geschichte oder ein Gleichnis, doch es berichtet wahrheitsgemäß über das Leben und das Jenseits.

Was genau geschieht mit einer Person, wenn sie stirbt? Bestimmte physische Prozesse enden fast sofort: die Atmung stoppt, der Herzschlag hört auf, die Blutzirkulation wird eingestellt. Aufgrund des Aufhörens aller dieser Dinge sagen wir normalerweise: „Diese Person ist gestorben." Andere Prozesse gehen noch eine ganze Weile weiter, das Wachstum der Haare beispielsweise setzt sich noch nach dem Tod fort und einige andere körperliche Prozesse. Nach einer bestimmten Zeit hören diese Prozesse jedoch auch auf. Dann treten Fäulnis und schließlich die Zersetzung des menschlichen Körpers ein. Wir alle wissen das, wie ungern wir uns dem auch stellen mögen.

Genau das wird mit dem Körper geschehen, den ich zum Predigen verwende, doch es ist keine Antwort auf die Frage: „Was geschieht mit einem Menschen, wenn er stirbt?" Ich habe Ihnen nur gesagt, was mit seinem Körper passiert, wenn er stirbt, und sollte ein Mensch nur aus einem Körper bestehen, dann hätte ich Ihnen alles beschrieben. Er hat aufgehört zu existieren. Sie werden ihn nie wiedersehen. Ist ein Mensch nur ein Körper, ein rein physisches Geschöpf, ist alles, was ich denke, fühle und tue, nur das Resultat meiner Körperdrüsen, meiner Enzyme und Hormone, dann habe ich die Frage bereits beantwortet. Allerdings betont die Bibel ausdrücklich, dass ein Mensch viel mehr ist als nur ein Körper; tatsächlich hat der Körper nur sekundäre Bedeutung. Die Bibel beschreibt den Körper als ein Zelt, in dem die wahre Person lebt – eine vorübergehende Behausung. Sie bezeichnet den Körper auch als einen Anzug, der von der wahren Person getragen wird. Daher spricht Paulus sehr zuversichtlich und angstfrei von dem Tag, an dem er nicht länger in diesem Zelt oder Anzug leben wird, ohne ein Anzeichen von Verstörung.

Ich weiß noch, wie ich mit einem Christen an einem Friedhof vorbeiging, auf dem seine Eltern begraben waren. Er sagte: „Weißt du, ihre Körper sind für mich nur wie ein Mantel, den man überzieht. Sie selbst sind da nicht mehr drin." Sobald Sie einen Friedhof einfach als eine Garderobe betrachten können, befinden Sie sich bereits auf dem richtigen Weg zur Erkenntnis über den Tod. Ein Friedhof ist eine Garderobe, in der wir die alten Kleider ablegen, die wir für eine bestimmte Zeit getragen haben: siebzig oder, wenn wir kräftig genug waren, achtzig Jahre lang. Daher betont die Bibel sehr deutlich, dass die wahre Person nicht der Körper ist, wie eng dieser Körper auch mit dem wahren Selbst verbunden war. Der Körper ist das Zelt, der Anzug, den wir eines Tages ablegen, wenn wir nicht mehr länger in ihm leben.

Ein liebenswerter alter Christ wurde von einem Geistlichen gefragt: „Wie geht es dir?" Woraufhin er antwortete: „Es tropft ein wenig durch das Dach, die Wände haben Rissen, doch es geht mir gut, es geht mir gut." Er erklärte einfach, was das Neue Testament, was Paulus sagt: „Mein äußerer Mensch verfällt, er gibt nach, er geht kaputt, aber mein innerer Mensch wird täglich erneuert, er wird jeden Tag stärker und besser." So sieht Altwerden aus christlicher Perspektive aus. Das Äußere mag verfallen und älter und müder werden; das Innere jedoch sollte ständig stärker und besser werden, da es erneuert wird.

Darin unterscheiden wir uns sehr von allen Tieren. Aus diesem Grund ist der Tod für den Menschen etwas völlig anderes als für ein Tier. Wäre der Mensch einfach nur das Ergebnis eines evolutionären Prozesses, dann entspräche das nicht der Wahrheit. Doch der Mensch ist eine einzigartige Kombination aus physischen und geistlichen, natürlichen und übernatürlichen Komponenten. Die Bedeutung des Todes für den Menschen ist, anders als bei Tieren, nicht die Vernichtung. Er fällt nicht dem Vergessen anheim. Es ist nicht sein Ende. Was geschieht nun mit einem Menschen, wenn er stirbt? Die Antwort kann Ihnen kein Arzt oder Wissenschaftler geben. Die Antwort lautet: Wenn ein Mensch stirbt, kommt der Moment, in dem sich sein Körper von seinem Geist trennt. Das verstehen wir unter dem Tod: der Moment, in dem zwei Dinge, die sehr eng miteinander verbunden waren, so eng, dass man sie sich nicht getrennt vorstellen konnte, und die man noch nie getrennt voneinander gesehen hat, auseinanderfallen und zu zwei unverbundenen Dingen werden.

Das ist die Bedeutung des Todes und interessanterweise wird dieser Aspekt sogar umgangssprachlich anerkannt. Jemand sagte einmal zu mir: „Es ist gerade wirklich schwer, Körper und Seele zusammenzuhalten." Was meinte sie damit? Genau das, was sie gesagt hatte. Diese beiden Dinge zusammenzuhalten bedeutet zu leben. Der Tod tritt ein, wenn sie sich trennen, daher bedeutet es zu leben, wenn man Körper und Seele zusammenhält. Betrachten wir ein weiteres Sprichwort: Menschen sprechen davon, noch nicht ihren Geist aufzugeben. Was meinen sie damit? Sie meinen genau dasselbe. Akzeptieren Sie den Tod bloß nicht dergestalt, dass Sie Ihrem Geist jetzt erlauben, Ihren Körper zu verlassen. Das Morsesignal S-O-S (*Save Our Souls*, d.h. Rettet unsere Seelen) hat dieselbe Bedeutung: Haltet unsere Seelen und unsere Körper zusammen; rettet unsere Seelen, auch wenn gerade der Körper in Gefahr ist.

So einfach formuliert es die Bibel, wobei der Prediger beispielsweise den Tod so definiert: „Dann kehrt der Leib zur Erde zurück, aus der er genommen wurde; und der Lebensgeist geht wieder zu Gott, der ihn gegeben hat" (Prediger 12,7). Der Tod ist die Trennung zwischen diesen beiden Dingen.

Wir wissen, was mit dem Körper geschieht. Er wurde aus dem Erdboden genommen. Es gibt keinen Partikel meines Körpers, den man nicht irgendwo in der Erdkruste finden würde, und er kehrt dorthin zurück, wo er hergekommen ist: „Aus Staub bist du genommen und zu Staub sollst du werden." Wenn Sie Ihre Hände eine Zeit lang aneinander reiben, können Sie einen kleinen Haufen grauen Staubes auf einem weißen Blatt Papier produzieren, die abgestorbenen Zellen Ihrer Haut. Sie können diesen Staub betrachten und sagen: „Das ist ein kleiner Teil meines Körpers, der dorthin zurückkehrt, wo er herkommt." Das geschieht mit dem Körper, wie wir wissen. Doch die Frage, die mich nun interessiert, lautet: „Was passiert mit dem menschlichen Geist?"

Jakobus, den ich hier zitiere, damit Sie nicht meinen, ich würde mich in diesem Kapitel nur auf das Alte Testament stützen, sagt: „Der Körper ohne den Geist ist tot." Mit anderen Worten, genau das ist der Tod. Der Körper ist ohne den Geist zurückgeblieben. Die beiden sind getrennt worden und sind nun voneinander unabhängig. Ich finde es sehr interessant, dass Jesus uns praktisch genau dasselbe sagte, als er starb. Sein Körper stand nach 33 Jahren seines irdischen Lebens und Stunden der Folter kurz vor seinem Ende. Was sagte er zu Gott im letzten Moment seines Lebens? Er sagte nicht: „In deine Hände befehle ich mich" oder „In deine Hände befehle ich meinen Körper." Um seinen Körper mussten sich andere kümmern. Er sagte: „In deine Hände befehle ich meinen Geist." Nachdem er das gesagt hatte, gab er seinen Geist auf. Seinen geistlichen Anteil gab er Gott. Josef von Arimathäa sollte sich um den körperlichen Teil kümmern; beide waren getrennt worden.

Diese Vorstellung passt sehr gut zur modernen Philosophie und zur griechischen Philosophie der Antike, die zu Jesu Lebzeiten die Hauptdenkrichtung darstellte. Wer an ein Leben nach dem Tod glaubt, akzeptiert diesen allgemeinen Grundsatz: Was auch immer noch zum Jenseits dazu gehört, der Körper kann es nicht sein. Dieser Körper muss zurückgelassen werden. Gibt es ein Leben nach dem Tod, so liegt es daran, dass der geistliche Teil des Menschen überlebt. Das stimmt mit der allgemein anerkannten Sichtweise überein, bis das Neue Testament eine verblüffende Aussage trifft: Es handelt sich nicht um die abschließende Existenz einer Person, sondern nur um eine vorübergehende Trennung; tatsächlich wird ein Tag kommen, an dem Körper und Seele wieder zusammenfinden.

Genau das beschreibt das Wort „Auferstehung", das nur die Christen verwenden. Die Griechen hätten gesagt, wenn sie ihr Glaubensbekenntnis ablegten: „Ich glaube an die Unsterblichkeit der Seele, wobei dieser geistliche Teil in alle Ewigkeit weiterbesteht." Doch die Christen erklärten, wenn sie sich zu ihrem Glauben bekannten: „Ich glaube an die Auferstehung des Körpers." Mit anderen Worten, irgendwann in der Zukunft werden nach der Trennung von Körper und Seele beide wieder zusammenkommen. Das meinen wir mit der Auferstehung, und wir glauben daran. Warum tun wir das?

Zunächst einmal, weil Jesus genau das für eine Handvoll von Menschen getan hat. Er brachte ihren Körper wieder mit ihrer Seele zusammen. In manchen Fällen geschah es ein paar Stunden nach dem Tod; in einem Fall vier Tage nach dem Eintritt des Todes. Dadurch bewies Jesus, dass er die Macht hatte, Körper und Seele wieder in eine Beziehung zueinander zu bringen, sogar nachdem die Verwesung und Zersetzung schon eingetreten waren. Erinnern Sie sich an Marthas praktische Worte, als Jesus sagte: „Öffnet dieses Grab"? Wegen des heißen Klimas im Nahen Osten hatte sie vollkommen Recht zu sagen: „Man sollte es jetzt nicht mehr öffnen." Sie drückte sich noch direkter aus, woraufhin Jesus erwiderte: „Öffnet das Grab. Ich bin die Auferstehung und das Leben. Ich habe die Macht, Körper und Seele zusammenzubringen, sogar nachdem die Verwesung eingetreten ist."

Wir glauben insbesondere an diese Möglichkeit, Körper

und Seele wiederzuvereinigen, weil Ostern geschehen ist; denn Jesus selbst wurde drei Tage und drei Nächte nach seiner Aussage: „In deine Hände befehle ich meinen Geist" wieder entsprechend zusammengeführt. Drei Tage und drei Nächte nachdem sein Körper in die Erde zurückgelegt wurde, aus der er hervorgegangen war, kamen Körper und Geist wieder zusammen. Das ist das Herzstück unseres christlichen Glaubens, und sogar manche Christen finden es schwierig, das zu glauben. Die Welt hält es für unmöglich. Als er aus dem Tod zurückgekehrt war, sagte Jesus: „Schaut mal, ich bin kein Geist – nicht mehr." Er war drei Tage und drei Nächte ein Geist gewesen, doch er betonte nach seiner Auferstehung: „Ich bin kein Geist, denn ein Geist hat nicht Fleisch und Blut wie ich. Hier, fasst mich an." Er forderte sie dazu auf, um zu beweisen, dass er nicht länger ein Geist war. Der größte Unterschied zwischen einem Christen und anderen Menschen besteht also darin, dass der Christ über ein Leben nach dem Tod nachdenkt. Glauben andere auch an ein Leben nach dem Tod, so gehen sie allerdings davon aus, dass wir als Geister ewig leben.

Christen glauben, dass der Tag kommt, an dem wir nicht länger Geister sein werden, sondern Menschen mit einem Körper, Menschen aus Fleisch und Blut, die sich auf diese Weise verständlich machen können. Das lässt den Himmel schrecklich real werden. Das macht aus dem Himmel einen Ort, wobei hier bemerkt sei, dass Jesus den Himmel aus diesem Grund einen Ort nannte und nicht einen Zustand der Seele. Darum sagte Erzbischof William Temple einmal: „Das Christentum ist die materialistischste aller Weltreligionen." Es glaubt an die Auferstehung des Körpers, die Erlösung unserer Leiber, auf die wir alle warten. Mit anderen Worten, wenn Gott eine Person rettet, dann rettet er nicht nur ihren Geist. Eines Tages wird er auch ihren Körper retten, die Person als Ganzes, und sie zu dem machen, was er sich von Anfang an gedacht hatte.

Jetzt komme ich zum eigentlichen Thema, auf einem für

Sie möglicherweise langen Umweg, doch der Punkt, den Sie mittlerweile erfasst haben werden, ist: Für Jesus Christus selbst und für uns gibt es einen Zwischenzustand zwischen Tod und Auferstehung. Es existiert eine Pause zwischen der Trennung von Körper und Geist und ihrem Wiederzusammenkommen. Mag sie lang oder kurz sein, es gibt eine Zeitspanne, in der wir körperlose Geister sein werden, genau wie Jesus einer war. Die entscheidende Frage lautet: „Wie wird das sein? Was geschieht mit uns in dieser Zwischenzeit? Werden wir bewusstlos oder wach sein? Wo sind wir dann? Was tun wir dann?" Diesen Fragen möchte ich mich in diesem Kapitel zuwenden.

Die Pause betrug für unseren Herrn drei Tage und drei Nächte – keine sehr lange Zwischenzeit, aber dennoch ein zeitlicher Abstand. Christen waren schon immer überzeugt, dass es falsch sei zu behaupten, Jesus sei im Himmel gewesen. Ein Satz im Apostolischen Glaubensbekenntnis, das die meisten Christen akzeptieren und als gute Zusammenfassung der biblischen Lehre betrachten, besagt: „Hinabgestiegen in das Reich des Todes" (Englisch: in den Hades). Übrigens ist das Wort „Hölle" in diesem Zusammenhang eine englische Abwandlung, zu der es nie hätte kommen dürfen. Etwas Missverständlicheres hätte man nicht formulieren können.

„Gelitten unter Pontius Pilatus, gekreuzigt, gestorben und begraben, hinabgestiegen in den Hades." Das Wort „Hades" bedeutet nicht Hölle und sollte auch nicht mit diesem Begriff verwechselt werden. „Hades" ist nicht zwingend ein schlechtes Wort, genauso wenig wie ein schlechter Ort oder ein negativer Zustand. Dieser Begriff beschreibt einfach den Ort, an dem sich die vom Körper getrennten Geister befinden – wo auch immer das ist und was sie dort auch tun mögen. Diesen Ort bezeichnet die Bibel im Neuen Testament auf Griechisch als Hades; im Alten Testament steht dafür das hebräische Wort Scheol. In der Revidierten Elberfelder Übersetzung wird im Alten Testament durchgehend der Begriff Scheol verwendet, während das Neue

Testament dieses Intervall zwischen Tod und Auferstehung als Hades bezeichnet.

Daher heißt es im Apostolischen Glaubensbekenntnis: „Gelitten unter Pontius Pilatus, gekreuzigt, gestorben und begraben, hinabgestiegen in das Reich des Todes (den Hades). Auferstanden am dritten Tag [Körper und Geist wiedervereint], aufgefahren in den Himmel." Das Wort „Himmel" ist für die körperlich wiederauferstandene Person reserviert. Meiner Ansicht nach würde es in unserem Denken für mehr Klarheit sorgen, wenn wir als Christen das Wort Himmel ebenfalls für den Zustand nach der Auferstehung verwenden würden – wenn wir wieder einen Körper haben und an dem Ort leben, den Jesus für uns vorbereitet hat. Doch kommen wir nun zum Hades zurück. Gibt es irgendwelche Hinweise, wie es dort aussieht und was im Hades geschah, als Jesus dorthin ging? Er starb und wurde für drei Tage und drei Nächte zu einem körperlosen Geist.

Den ersten Hinweis erhalten wir aus seiner Antwort an den sterbenden Räuber, der zu ihm gesagt hatte: „Herr, denke an mich, wenn du an diesem künftigen Tag in dein Königreich eingehst." Er dachte offensichtlich an den Himmel – an einen Tag in ferner Zukunft. Gleichzeitig glaubte er, dass Jesus der Christus war und dass er die Macht hatte, Menschen am Ende der Zeit in das Himmelreich zu bringen. Er fragte ihn: „Herr, wenn das geschieht, kannst du mich bitte hineinbringen? Kannst du mich dorthin mitnehmen? Bitte denke an mich!" Unser Herr antwortete, dass er noch mehr tun würde: Er versprach ihm etwas noch am selben Tag.

Jetzt können Sie erkennen, was für eine wunderbare Antwort das war. „Herr, wenn du in ferner Zukunft in dein Reich kommst, wann auch immer das sein mag, kann ich dann auch dazugehören?" Jesus sagte: „Schon hier und heute kann ich dich mit etwas trösten." Das bedeutet natürlich nicht, dass Sie den Trost, der sterbenden Christen im Hinblick auf Geschehnisse in ferner Zukunft gewährt wird, begrenzen sollten. Sie können jedoch etwas über diese Zwischenzeit sagen, was ausreichen wird, um in ihnen Vorfreude entstehen zu lassen. Was Jesus dem sterbenden Schächer sagte, war: „Heute werden wir zusammen im Paradies sein." Er verwendete nicht das Wort Himmel, und unser Herr wählte seine Worte immer sorgfältig, um keine Missverständnisse entstehen zu lassen. Jedes Wort unseres Herrn zählt, und er gebrauchte hier absichtlich das Wort Paradies.

Paradies ist ein sehr interessantes Wort, es stammt aus dem Persischen. Es beschreibt im Kern einen Garten und zwar den Garten eines Königs. Denken Sie an den Garten außerhalb des Buckingham Palace, der von einer hohen Mauer umgeben ist – vermutlich waren Sie noch nicht innerhalb dieser Mauern – ich war es auch noch nicht. Sie haben diesen Garten vielleicht vom Oberdeck eines Busses aus gesehen, näher werden die meisten von uns vermutlich nie herankommen, doch dieser Garten existiert dort. Das ist das Paradies Ihrer Majestät. Genau das ist die Wortbedeutung. Es handelt sich um den privaten Garten der Königin. Nur wer von der Königin eingeladen wurde, kann hineingehen, doch Sie müssen auf diese Einladung warten. Wenn Sie mit ihr in diesem Garten spazieren gehen, dann nur, weil sie Ihnen eine Einladung, ihre Gnade und ihre Gunst geschenkt hat. Das Wort Paradies in der Bibel, das übrigens auch für den Garten Eden gebraucht wird und am Ende der Bibel im Zusammenhang mit der Gartenstadt wiederauftaucht, bezeichnet den Garten des Königs.

Bestimmt ist Ihnen schon aufgefallen, dass der Garten nicht der Palast selbst ist. Der Garten ist nicht das Haus des Vaters. Der Garten ist kein Ort, an dem es Zimmer gibt. Als Jesus über das Haus seines Vaters sprach und die vielen dortigen Räume, beschrieb er eindeutig nicht den Zwischenzustand nach dem Tod, sondern die ferne Zukunft. Denn er sagte, dass er wiederkommen würde. Dann werden wir in der Lage sein, mit ihm in das Haus seines Vaters einzutreten. Doch zu dem sterbenden Räuber am Kreuz neben ihm sagte er, selbst wenn er ihn zum damaligen

Zeitpunkt nicht ins Haus seines Vaters bringen konnte, so könnte er ihn in den Garten des Königs mitnehmen und dort mit ihm spazieren gehen. Dort würden sie zusammen sein.

Das ist ein Hinweis darauf, dass dieser Zwischenzustand dem Reich Gottes viel näher ist, als wir hier sein können. Man könnte die drei Phasen also auch so beschreiben: Die erste Phase ist mit einer Fahrt in einem Doppeldeckerbus durch London vergleichbar, von dem aus man einen Blick auf den Buckingham Palace in der Ferne erhascht. Das ist das Leben, das wir hier genießen. Die zweite Phase beinhaltet, dass wir in den Garten kommen, noch näher an den Palast heran, und mit dem König spazieren gehen. In Phase drei gelangen wir dann tatsächlich in den Palast, in den Raum, der für uns als gläubige Menschen vorbereitet wurde. Wenn Sie es so betrachten, werden Sie erkennen, dass das Paradies sehr viel besser sein wird als alles, was wir hier auf der Erde haben – insbesondere, weil wir so intensive Gemeinschaft mit dem König pflegen werden.

Früher (an manchen Orten noch heute) gehörte zu einem Palast nicht nur ein abgeschlossener Garten, in dem der König sich mit seinen Freunden aufhalten konnte. Vielmehr gab es auch einen Kerker, eine Zelle, die nicht Teil des Palastes selbst war, ein Gefängnis. Es ist sehr interessant, dass das Neue Testament mehr als nur Andeutungen darüber macht: In dieser Zwischenzeit gibt es nicht nur einen Garten, sondern auch ein Gefängnis. Eine der interessantesten Aussagen der Bibel, auf der das Apostolische Glaubensbekenntnis beruht, stammt von Petrus, dem großen Fischer. Er sagte, dass Jesus, als er gestorben war, zwar körperlich tot war, jedoch im Geist weiterlebte und hinging, um zu den Geistern im Gefängnis zu predigen. Uns wird sehr spezifisch gesagt, zu welchen genau er predigte, was sehr wichtig ist.

Er predigte zu den Geistern der Menschen, die in der Sintflut ertrunken waren. Wer die historische Realität der Sintflut zur Zeit Noahs leugnet, hat nun ein Problem, denn zu diesen Menschen ging Jesus und predigte ihnen zwischen seinem Tod und seiner Auferstehung. Ist Ihnen aufgefallen, dass es von ihnen heißt, dass sie sich im Gefängnis befanden, d.h. nicht im Garten? Es gibt diesen anderen Ort. Ich werde in Kürze auf diese merkwürdige Aussage zurückkommen, doch Sie erkennen vermutlich schon jetzt, was die Bibel sagt: Auch wenn man nach dem Tod nicht gleich in den Himmel oder in die Hölle kommt, sondern erst nach der Auferstehung und in der Zukunft, gibt es bereits in der Zwischenzeit eine Unterscheidung zwischen beiden Zuständen: den Zuständen der Geister, nicht der Körper – und eine dieser Befindlichkeiten hat mit einem Garten zu tun, die andere mit einem Gefängnis, wobei beide dem König gehören.

Auf diesem Bild scheint der Rest des Neuen Testaments zu beruhen. Es handelt sich um ein Bild, und wir müssen es als solches akzeptieren. Wir können uns nicht vorstellen, wie beide Orte im Detail tatsächlich aussehen. Doch wenn Sie an ein Gefängnis und an einen Garten denken, dann bekommen Sie das richtige Gefühl dafür. Betrachten wir zunächst das Gefängnis, denn ich ziehe es immer vor, diesen Ort zuerst hinter uns zu bringen und dann den Garten zu betrachten – so können wir mit etwas Positivem abschließen. Es gibt nur sehr wenige Informationen über das Gefängnis. Es wird ein Ort der Trennung sein. Das bedeutet es, ins Gefängnis zu kommen. Das dortige Essen oder was dort geschieht, ist nicht das Entscheidende. Was zählt ist, dass man dort ausgeschlossen und isoliert ist. Das ist die Bedeutung eines Gefängnisses.

Judas wird dort sein. Die Bibel sagt Folgendes: Als Judas sich erhängte, ging er an seinen eigenen Ort, und zweifellos handelt es sich um dieses Gefängnis. Einige der Engel werden dort sein. Tatsächlich sagt uns das Neue Testament zweimal, dass Gott bereits Engel in Haft genommen hat, bis der Tag des Gerichts für Engel und Menschen gekommen ist. Viele weitere Menschen werden sich dort befinden. Ich glaube, das schließt den zweiten Räuber am Kreuz mit ein. Der erste wird im Garten sein, doch der zweite wird vermutlich in diesem Gefängnis sitzen. Auch wenn es sich also um einen Ort der Trennung handelt, heißt das nicht, dass es dort nicht sehr viele Menschen geben wird.

Es bedeutet, dass man in diesem Gefängnis von Gott und von Gottes Volk abgetrennt ist, und ob wir es verstehen oder nicht, das ist die schlimmste Art der Trennung, die es gibt. Manche Menschen auf dieser Welt leben sehr gerne ohne Gott und halten so viel Abstand zu Gottes Volk, wie sie nur können. Sie mögen weder die Christen noch den Christus, den diese anbeten. Um ganz ehrlich zu sein, wird ihnen ihr größter Wunsch sofort nach dem Tod erfüllt werden, doch dann werden sie erkennen, wie sehr sie beide vermissen werden. Es wird dort auch Leid geben, es wäre falsch, wenn ich das nicht erwähnen würde. Wie dieses Leid aussieht, weiß ich nicht. Es wird sich um geistiges Leid handeln, denn in der Geschichte, die ich zuvor gelesen habe, macht unser Herr sehr deutlich, dass das menschliche Gedächtnis immer noch aktiv sein wird. Bedauern wird eines der Dinge sein, die am schwersten auszuhalten sind. Man wird die Erkenntnis bedauern, dass das eigene Leben vorüber ist, dass der Tod die eigenen Entscheidungen besiegelt hat und der künftige Kurs vorherbestimmt ist und nicht mehr abgeändert werden kann.

Drei Dinge können über das Gefängnis gesagt werden, die alle unabänderlich sind. Erstens, wer in diesem Gefängnis sitzt, kann nicht von dort ins Leben zurückkehren. Unser Herr hat das sehr deutlich gesagt. Zweitens kann man definitiv sagen, dass die Gefängnisinsassen nicht hinaus in den Garten gehen können. Sie sind in Haft und warten auf ihren Auftritt vor Gericht, wobei es keine Kaution gibt, um in die Freiheit zu gelangen. Drittens, die Gefangenen müssen von dort an einen anderen Ort gehen. Es handelt sich nicht um einen Dauerzustand, sondern um eine Zwischenzeit des Wartens.

Jetzt wende ich mich dem Paradies zu, in dem wir einige wunderschöne Dinge entdecken können. Es handelt sich nicht um den Palast, sondern um den Garten, der den Palast einschließt. So sollen wir ihn begreifen: Wir sind dort unserer himmlischen Heimat einen Schritt näher und zwar viel näher. Es gibt wunderschöne Dinge, die diesen Garten ausmachen. Gleich zu Beginn möchte ich betonen, dass wir uns in dieser Zwischenzeit nicht darum sorgen müssen, wo er sich befindet. Als körperlose Geister sind wir räumlich nicht gebunden. Die Frage, wo sich diese Geister befinden, kann also nicht beantwortet werden. Erreichen wir die dritte Phase, können wir über einen Ort sprechen („Ich gehe, um euch einen Ort zu bereiten"), doch wir sollten bei dem Garten oder dem Gefängnis nicht an eine räumliche Dimension denken. Körperlose Geister brauchen keinen Ort. Wir sprechen hier über Daseinszustände.

Zweitens bin ich mir recht sicher, dass uns die Frage: „Wie wird das sein?" genauso wenig weiterhelfen wird wie die Frage: „Wo wird das sein?" Doch es gibt eine Frage, die viele Menschen sehr zu beschäftigen scheint: Ob sie sich im Wachzustand oder in einer Art jahrhundertelangem Schlaf befinden werden, wie Rip Van Winkle (Hauptfigur einer amerikanischen Kurzgeschichte von Washington Irving, die zur englischen Kolonialzeit in einen Zauberschlaf fällt, nach zwanzig Jahren wieder aufwacht und feststellt, dass sie nun Bürger der Vereinigten Staaten ist, Anmerkung der Übersetzerin). Interessant, dass sein Vorname Rip (Abkürzung für „Rest in Peace", zu Deutsch „Ruhe in Frieden") auf so vielen Grabsteinen steht. Werden wir jahrhundertelang schlafen, quasi bewusstlos sein und dann aufwachen? Sodass der nächste bewusste Moment nach unserem Tod das Aufwachen zum Zeitpunkt der Auferstehung sein wird? Oder sind wir die ganze Zeit bei Bewusstsein?

Zweifellos gibt es im Neuen Testament mehrere Abschnitte, in denen es heißt, dass die Toten in Christus entschlafen sind. Dieser Begriff wird mehrfach verwendet, doch der entscheidende Punkt ist folgender: Seelen oder Geister können nicht schlafen. Der Schlaf ist eine körperliche Funktion. Nur Körper können schlafen, daher bezieht sich der Ausdruck „entschlafen" auf das Aussehen des Körpers, da bin ich mir ganz sicher. Physisch betrachtet befindet sich eine Person im Schlafzustand, wenn sie tot ist. So sieht sie dann auch aus. Es ist ein sehr passendes Wort, um ihren Zustand zu beschreiben, und beinhaltet auch die Möglichkeit, dass der Körper wieder auferweckt wird. Gleichzeitig bewegen wir uns meiner Ansicht nach auf sehr dünnem Eis, wenn wir das Wort schlafen genauso auf den Geist wie auf den Körper anwenden und an einen sogenannten Seelenschlaf glauben. Die Siebenten-Tags-Adventisten glauben daran, ebenso wie mehrere andere Sekten, doch ich halte das für ungerechtfertigt.

Ganz im Gegenteil, Paulus sagt: „Ob wir wachen oder schlafen, wir leben mit ihm." Paulus hätte diese Aussage bestimmt nicht getroffen, wenn wir bewusstlos wären. Die entscheidende Frage über die Zwischenzeit ist weder, wo sie sich abspielt, noch wie sie genau aussieht, sondern mit wem wir sie verbringen werden. Das Herrliche, worauf sich Christen freuen dürfen, ist die Tatsache, dass wir bei Christus sein werden. Bin ich dann bewusstlos, finde ich das überhaupt nicht attraktiv. Es wäre sogar um einiges schlimmer, als lebendig zu sein, denn als lebendiger Mensch kann ich bei vollem Bewusstsein mit Christus sprechen. Niemand würde jemals sagen: „Ich sehne mich danach, diesen Leib zu verlassen und beim Herrn zu sein", wenn es sich dabei um Jahrhunderte bewusstloser Gemeinschaft drehen würde.

Es ist offensichtlich, dass die Betonung im Neuen Testament auf bewusster Gemeinschaft liegt – und der Geist kann unabhängig vom Körper bei Bewusstsein sein. Paulus schreibt einmal, dass er „einen Mann in Christus" kannte, der „in den dritten Himmel entrückt wurde." Eines Tages kam er also in den Himmel und zwar während seines Lebens, er machte dort einen Besuch. Paulus schreibt: „Ob er dabei im Körper oder außerhalb seines Körpers war, weiß ich nicht." Was er damit sagen will, ist: Sie können außerhalb Ihres Körpers bei vollem Bewusstsein sein. Das werden Sie tatsächlich sein, und daher glaube ich, dass wir uns auf eine bewusste Gemeinschaft mit Christus freuen dürfen. Nur mit Christus? Nein, dort gibt es noch viele weitere Menschen – alle, die zu Christus gehören, ob sie vor oder nach seiner Zeit gelebt haben. Sein Volk – mit ihm werden wir zusammen sein.

Wir werden Abraham sehen. Ist Ihnen jemals bewusst geworden, dass Abraham Christ war? Er ist es immer noch. „Abraham freute sich auf den Tag, an dem ich kommen würde. Er hat mein Kommen gesehen und war froh darüber", sagte Jesus (Johannes 8,56). Ein Mann, der sich auf das Kommen Jesu freut, ist Christ. Als Lazarus der Bettler starb, fand er sich neben Abraham im Garten wieder. Wir werden Abraham, Isaak und Jakob begegnen und allen Männern des Glaubens aus dem Alten Testament, ebenso wie allen Gläubigen seit der Zeit des Neuen Testaments. Wir werden mit Christen zusammen sein, mit dem Volk Christi – auf der Gartenparty des Königs.

Drittens werden wir Gemeinschaft mit Engeln haben. Das weiß ich genau: In den ersten fünf Minuten nach Ihrem Tod werden Sie an Engel glauben, ob Sie es vorher getan haben oder nicht – ganz unabhängig davon, ob Sie sich im Garten oder im Gefängnis wiederfinden werden. Sie werden Engeln begegnen. Für mich ist es eine der schönsten Vorstellungen: Selbst wenn Sie einsam sterben, abgelehnt, unversorgt und ohne menschliche Hilfe – Gott hat Engel bereitgestellt, die auf der anderen Seite nur darauf warten, sich um Sie zu kümmern. Seine Diener, seine Palastangestellten warten im Garten auf Sie. Lazarus starb, und für ihn gab es nicht einmal ein Begräbnis. Er war ein Bettler. Niemand kümmerte sich um ihn, doch die Engel brachten ihn zu Abraham.

Wir werden bei Christus sein, gemeinsam mit anderen Christen. Wir werden Gemeinschaft mit Engeln haben. Daher ist es kein Wunder, dass Paulus es vorzog, außerhalb seines Körpers und zu Hause beim Herrn zu sein, obwohl er wusste, dass er für diese Zwischenzeit entkleidet würde, körperlos, ohne Haut und Knochen. Aus diesem Grund hatte er Sehnsucht danach, den Körper zu verlassen und bei Christus zu sein, als er dem sicheren Tod entgegenging, auch wenn ein Teil von ihm auf der Erde bleiben und anderen helfen wollte. Für die Christen ist es das Paradies. Man stellte einem großen Heiligen einmal folgende Frage: „Worauf freust du dich am meisten als Christ?" Nach einem kurzen Moment des Überlegens sagte er: „Auf die ersten fünf Minuten nach dem Tod." Er hatte seine Bibel verstanden. Er kannte die Wahrheit und meinte es damit ganz ernst.

Nun werde ich in aller Kürze sechs Fragen beantworten, die man mir über die Jahre zu dem Intervall zwischen Tod und Auferstehung gestellt hat.

Die erste Frage lautet: Was entscheidet darüber, ob wir ins Gefängnis oder ins Paradies kommen? Ich werde die Frage des Gerichts in Kapitel 4 näher behandeln, doch die Antwort lautet: Derselbe Umstand, der Ihr endgültiges Schicksal entscheidet, ist auch für Ihr zwischenzeitliches Schicksal relevant. In einem Satz zusammengefasst: Wer noch nie von Christus gehört hat, wird danach beurteilt, ob er gemäß seiner Erkenntnis gelebt hat, die ihm durch das Gewissen, die Schöpfung und auf anderen Wegen vermittelt wurde. Wer von Christus gewusst hat, wird abhängig von seiner Reaktion auf ihn beurteilt. Diese beiden Dinge geschehen in diesem Leben und gerade nicht in der Zwischenzeit, und tatsächlich bestimmen unsere Taten in diesem Leben nicht nur die dritte Phase, sondern auch die zweite. Kapitel 4 gibt uns eine noch vollständigere Antwort auf diese Fragen.

Die zweite Frage lautet: Gibt es eine zweite Chance? Diese Frage wird von vielen Menschen gestellt. Mehr und mehr glauben heutzutage, dass es sie tatsächlich gibt. Dazu möchte ich Folgendes sagen: Der einzige Hinweis auf eine zweite Chance für irgendjemanden, den ich in der Bibel finden kann, befindet sich in der erwähnten Passage von Petrus über die Menschen, die schon vor ihrer Zeit abgeurteilt wurden und in der Sintflut ertranken. Für den Rest der Menschheit steht das biblische Zeugnis jeglicher Möglichkeit einer zweiten Chance diametral entgegen. Eine große Kluft besteht, und mit dem Tod scheint die Wahlmöglichkeit zu enden. Diese Möglichkeit sollte niemand leichtnehmen oder sie gar verspielen.

Bei der dritten Frage geht es um das Fegefeuer. Angehörige der Römisch-Katholischen Kirche haben dem Intervall zwischen Tod und Auferstehung mehrere Details oder Abteilungen, wenn Sie so wollen, hinzugefügt. So wurde beispielsweise die Vorstellung eines Ortes namens *Limbus infantinum* gelehrt, abgekürzt Limbus genannt. Dort sollen ungetaufte Babys enden. Es gibt noch weitere Varianten. Ein Ort, an den Katholiken glauben, ist das Fegefeuer. Laut ihrer Lehre dient dieser Ort zwei Hauptzwecken: Erstens, an diesem Ort bezahlen wir für unsere eigenen Sünden, wenn sie auf der Erde nicht vergeben worden sind. Es handelt sich also um einen Ort der Bestrafung. Zweitens ist es ein Ort der Reinigung oder Entschlackung: Wer stirbt, bevor er heilig genug ist, in den Himmel zu kommen, kann dort schrittweise in den erforderlichen Zustand versetzt werden.

Mit anderen Worten gibt es zwei Arten von Heiligen, die sterben: Heilige, die bereits vollkommen sind und gleich in den Himmel kommen können. Sie werden heiliggesprochen und erhalten einen entsprechenden Namen. Wer noch nicht soweit ist, wie die meisten von uns, muss sozusagen diese zusätzliche Schule besuchen. Es sind die Menschen, die zwar an Jesus glauben, jedoch noch nicht heilig genug sind, um im Himmel selbst zu leben. Dieser Glaube an das Fegefeuer ist verantwortlich dafür, dass bestimmte andere Praktiken und Glaubenssätze Menschen, die sie für wahr halten, dermaßen kontrollieren. Dazu gehören Riten wie Totenmessen, der Ablasshandel, Selbstkasteiungen etc. Sie alle hängen mit diesem einen Glauben an das Fegefeuer zusammen. Dazu muss ich sagen, dass ich in der gesamten Bibel keinen einzigen Hinweis auf das Konzept des Fegefeuers finden kann.

Tatsächlich gibt es drei Gründe, warum es mir unmöglich erscheint, dass ein solcher Ort des Fegefeuers existiert. Erstens, Jesus wurde für alle meine Sünden bestraft. Warum muss ich dann noch bestraft werden? Das erscheint mir wenig überzeugend. Zweitens, wenn ich physisch sterbe, werde ich von diesem Körper der Sünde und des Todes befreit. Dann habe ich mit der Sünde und mit Satan nichts mehr zu tun; dann kann mir auch die Versuchung nichts mehr anhaben. Man kann eine Leiche nicht mehr versuchen. Schließlich bekommt mich Satan durch diesen Körper aus Fleisch und Blut irgendwie zu fassen, ob es sich um die Lust der Augen, die Begierden des Fleisches oder den Stolz des Lebens handelt. Alles hat mit dem Leben in diesem Körper zu tun. Drittens, wenn mein physischer Tod mich von aller Sünde befreit, dann werde ich bei Jesu Wiederkunft so sein wie er, das weiß ich – denn ich werde ihn sehen, wie er ist. Ich werde ihm gleich sein, daher brauche ich keine derartige Schule der Reinigung. Auf der Grundlage der Bibel kann ich also die Vorstellung des Fegefeuers keinesfalls akzeptieren.

Kommen wir nun zur vierten Frage: Ist es zulässig, für die Toten zu beten? Das ist tatsächlich heutzutage ein sehr reales Problem, denn vor mehreren Jahrzehnten hat die Anglikanische Kirche einen Gottesdienst eingeführt, der auch Gebete für die Verstorbenen beinhaltete. Diese Praxis wird immer üblicher. Die offizielle Gottesdienstordnung, die von der Römisch-Katholischen Kirche, den Anglikanern und dem Rat der Freikirchen verabschiedet wurde, enthielt Gebete für die Menschen, die in den beiden Weltkriegen gestorben waren. Was ist davon zu halten? Es ist ziemlich offensichtlich, dass Sie weiterhin an Menschen denken, die gestorben sind, und nicht aufhören, über sie zu sprechen. Da Sie alles mit dem Herrn teilen, ist es ebenso offensichtlich, dass Sie nicht aufhören werden, mit ihm über diejenigen zu sprechen, die im Glauben an ihn gestorben sind.

Nichts in der Bibel verbietet uns, in unseren Gebeten die Verstorbenen zu erwähnen, doch es ist etwas ganz anderes, für diese Menschen zu beten. Wenn jemand also sagt: „Ich möchte für jemanden beten, der gestorben ist", frage ich diese Person:

Zwischen Tod und Auferstehung

„Was werden Sie für diesen Menschen erbitten? Welches Bedürfnis hat er Ihrer Meinung nach, dass Ihr Gebet ihm helfen könnte?" An der Antwort auf diese Frage beginnen wir zu erkennen, dass Gebete für die Toten nutzlos sind. Wenn jemand zum Zeitpunkt seines Todes noch nicht gerettet ist, gibt es diese große, unüberbrückbare Kluft. Ist diese Person jedoch gerettet, dann wäre es ein Akt des Unglaubens, Jesus zu bitten, sich um sie zu kümmern. Er hat versprochen, das zu tun, und wir können absolut sicher sein, dass unser Angehöriger alles Richtige und Gute, das wir ihm wünschen, bereits von Jesus empfängt. Es ist unnötig, Jesus darum zu bitten.

Er hat uns versprochen, sich ganz und gar um uns zu kümmern, sobald wir gestorben sind, daher sprechen Personen, die an die Verheißungen der Bibel glauben, richtigerweise keine Gebete für die Toten. Nur wer beim Thema Leben nach dem Tod unsicher ist, wird für die Verstorbenen beten. Es gibt kein biblisches Beispiel und keine einzige biblische Aufforderung, für die Toten zu beten. Ich finde das bemerkenswert: Dieses Buch, das uns ständig sagt, wir sollten für die Lebenden im Gebet eintreten, trägt uns kein einziges Mal auf, dasselbe für die Toten zu tun. Nur einmal wird in einer Schrift ein Gebet für die Toten erwähnt und zwar im zweiten Buch der Makkabäer, d.h. in den Apokryphen. Sie gehören nicht zu unseren protestantischen Bibeln, allerdings sind sie Bestandteil römisch-katholischer Bibeln.

Die fünfte Frage: Beobachten uns die Toten und können sie für uns beten? Während Hebräer 12 von einer großen Wolke der Zeugen spricht, die uns umgibt, ist es nicht ganz klar, ob das bedeutet, dass sie uns anschauen oder ob sie Jesus betrachten. Insofern ist unklar, ob wir uns durch sie inspirieren lassen oder von ihnen Fürbitte erwarten sollten. Obwohl ich daraus kein Dogma machen kann, tendiere ich zu der Auffassung, dass sie uns inspirieren sollen und dass sie gerade nicht für uns beten. Glauben Sie erst einmal, dass die Toten für uns beten, ist es nur noch ein kleiner Schritt, *zu* den Toten zu beten, *zu* den Heiligen und nicht nur *für* sie. Vielmehr sollen wir an die Gemeinschaft der Heiligen glauben. Christus hat zwei Hände. Mit der einen hält er uns, die wir auf der Erde sind. Mit der anderen hält er die Menschen, die im Glauben an ihn und in der Ehrfurcht vor ihm gelebt haben und gestorben sind. Er ist die Person, die uns verbindet, es gibt keinen „direkten Draht" zu den Verstorbenen. Wenn wir einen Abendmahlsgottesdienst feiern, genießen wir dabei die Gemeinschaft der Heiligen und eine mystische, wunderbare Verbundenheit mit denen, die bereits entschlafen sind.

Letzte Frage: Können wir mit den Verstorbenen kommunizieren? Im nächsten Kapitel werde ich den Spiritismus ausführlich behandeln, doch kurz zusammengefasst verbietet die Bibel dem Volk Gottes absolut, auch nur zu versuchen, mit den Toten in Verbindung zu treten. Im nächsten Kapitel werde ich Ihnen erklären, warum.

Kapitel 3

DIE AUFERSTEHUNG

Lesen Sie 1. Korinther 15,35–58

In diesen Kapiteln sprechen wir nicht nur über Gottes Wort, sondern wir reden auch mit Menschen, die es in ihrem Alltag umsetzen und darüber nachdenken mussten. Ich habe hier ein Interview eingefügt, das ich vor mehreren Jahrzehnten mit Mr. Ennis Matthews führte. Er gehörte seit 1938 der Gemeinde an, in der ich Pastor war.

David: „Matt, du arbeitest als Physiotherapeut. Bitte fasse deine Tätigkeit doch in wenigen Sätzen zusammen. Erkläre uns, was sie beinhaltet."

Matt: „Die meisten kennen vermutlich meine Standarddefinition: irgendetwas zwischen einem engagierten Ringkämpfer und einem Tierarzt. Physiotherapie im eigentlichen Sinne bedeutet die Heilung von Dingen mit physischen Mitteln. Das bedeutet, dass man sich hauptsächlich mit dem beschäftigt, was man als Mechanik des Körpers bezeichnen kann. Es geht darum, wie er aufgebaut und gemacht ist und wie er hauptsächlich durch Probleme mit den Muskeln, Gelenken, Nerven und Bändern beeinträchtig wird. Manchmal sind auch andere Teile betroffen; ab und zu beschäftigen wir uns auch mit der Lunge und sogar mit der Verdauung. Doch wir haben hauptsächlich mit den Bewegungsabläufen des Körpers zu tun. Anders als Chirurgen, die heutzutage insbesondere neue Teile oder leicht gebrauchte einsetzen können, selbst wenn diese ein wenig angestaubt sind, müssen wir einfach das flicken, was noch übrig ist, und aus dem das Beste machen, was wir haben."

David: „Gleichzeitig, Matt, bist du sicherlich zu einer ähnlichen Schlussfolgerung gelangt wie der Psalmist, der sagte: ‚Ich danke dir dafür, dass ich wunderbar gemacht bin.' Bist du zu dem Schluss gekommen, dass der Körper die wunderbarste ‚Maschine' der Welt ist? Erzähle uns ein paar großartige Dinge, die du über den Körper entdeckt hast."

Matt: „Der Körper selbst ist einfach eine erstaunliche Maschine. Erstens, die Art und Weise, wie er ge- oder genauer missbraucht wird – so etwas würde man einem Haushaltsgerät niemals antun. Würden wir dasselbe mit unseren Automotoren oder Kühlschränken tun, für die wir heutzutage ja Garantien besitzen, sie genauso behandeln wie unseren Körper, dann glaube ich nicht, dass irgendein Produzent sagen würde, dass dieses Verhalten von der Garantie gedeckt wäre. Wir übermüden unseren Körper, wir überanstrengen und überfüttern ihn, wir tun sehr oft fast alles in unserer Macht Stehende, um ihn zu beschädigen.

Was die Großartigkeit des menschlichen Körpers betrifft, die Genauigkeit der Abläufe, die er vornimmt – ich weiß nicht, ob du jemals über das Gehen nachgedacht hast. Wie du einen Fuß vor den anderen setzt, das läuft völlig automatisch ab; die große Anzahl von Dingen, die funktionieren müssen, um diese Bewegung auszuführen. Jemand hat einmal herausgefunden – daran erinnere ich mich noch, es wurde uns in einer Vorlesung im Krankenhaus erzählt – dass die Bewegung des kleinen Fingers dazu führt, dass sich jeder Muskel des Körpers neu ausrichten muss. So ist der Körper geschaffen. Wir sind zweifellos wunderbar gemacht. Wie weit ich thematisch in den Bewegungsablauf des Körpers einsteigen soll, musst du mir sagen."

Die Auferstehung

David: „Wir könnten Stunden mit diesem Thema verbringen. Es gibt Menschen, die behaupten, dieser Körper, so wundervoll er auch sein mag, sei ein Zufallsprodukt. Atome seien einfach willkürlich mutiert, dadurch sei er erstanden. Kannst du das glauben?"

Matt: „Nein, diese Theorie habe ich noch nie für vollkommen richtig gehalten. Meiner Ansicht nach gibt es gewisse Mechanismen, die zur Anpassung an die Umwelt führen. Das hat allerdings eine Theorie entstehen lassen, die genauso viele Löcher enthält wie ein Fischernetz. Es gibt viele Dinge, die man damit nicht erklären kann. Ein springender Punkt ist, dass ein Tier dazulernen kann. Wir hatten einmal einen Hund, der Essen mit der Schnauze auffing, das man ihm vom Tisch aus zuwarf. Handelte es ich um eine eingelegte Zwiebel, so nahm er nie wieder etwas von dieser Person an, sondern ließ es immer zunächst auf den Boden fallen, um dann daran zu schnuppern. Der Mensch ist viel weniger klug; wir machen immer wieder dieselben Fehler."

David: „Kommen wir nun zu einer weiteren Eigenschaft des menschlichen Körpers. Sowohl dein Körper als auch meiner nutzen sich ab; sie halten vielleicht 70, 80 oder sogar 90 oder 100 Jahre durch. Doch es ist eine traurige Tatsache, dass dieser Körper nicht ewig besteht, selbst wenn er besser konstruiert ist als ein Auto oder ein Kühlschrank. So, wie wir ihn behandeln, besteht er nicht für immer. Es ist vielen Menschen ein Rätsel, warum der Körper sich nicht immer wieder regenerieren und einfach weiterleben kann. Was sind deine Gedanken zu dieser Abnutzung?"

Matt: „Ja, ich weiß, das ist ein Rätsel. Die ganzen Abläufe sind für Wissenschaftler und Physiologen in gewisser Weise rätselhaft. Der Körper ist so geschaffen, dass er fast sofort nach seiner Geburt schon wieder zu sterben beginnt. Zellen sterben ab, doch es gibt Mechanismen, um sie zu ersetzen; es existiert eine Art Reparaturwerkstatt, die ständig jeden Teil des Körpers ersetzt. Die Haut, die wir jedes Mal abscheuern, wenn wir etwas berühren; immer, wenn ein Polizist deine Fingerabdrücke nimmt, lässt du einen Teil deiner Haut auf dem Papier. Und jedes Mal wird sie wieder ersetzt. Das geschieht mit dem gesamten Körper. Doch aus irgendeinem Grund versagt dieser Mechanismus mehr und mehr. Ich habe den Eindruck, es liegt daran, dass irgendetwas das perfekte Gleichgewicht gestört hat, das ursprünglich einmal bestand. Wenn es gelänge, dieses Gleichgewicht beizubehalten, könnte der Körper für immer weiterbestehen, davon bin ich überzeugt. Doch wir stören diese Balance, sei es durch unsere eigene Schwachheit oder unseren missbräuchlichen Umgang mit unserem Körper. Offensichtlich gibt es auch erbliche Störungen oder andere Umwelteinflüsse, die dieselbe Wirkung haben. Manche Menschen sind der Sonne zu sehr ausgesetzt, andere leben in zu intensiver Kälte; diese Dinge können das Gleichgewicht durcheinanderbringen. Gleichzeitig ist es sehr interessant, dass wir im ersten Teil des Buches Genesis nachlesen können, dass die Menschen dort 1000 Jahre alt wurden. Mit anderen Worten, waren sie der vollkommenen Balance zeitlich gesehen näher als wir? Im ersten Buch Mose, Kapitel 11, gibt es, glaube ich, ungefähr sechs oder sieben Generationen, in deren Verlauf die Langlebigkeit des Körpers von 600 oder 700 Jahren auf zirka 120 Jahre reduziert wird."

David: „Das geschieht übrigens nur innerhalb einer Familie; es betrifft nicht die gesamte Menschheit. Diese Tatsache bestätigt einen Forscher, der kürzlich erklärt hat, es gebe keinen wissenschaftlichen Grund dafür, dass ein Mensch sterben müsse. Sie können das immer noch nicht erklären."

David: „Kommen wir nun zum Thema des heutigen Morgens. Matt, wir werden einmal einen neuen Körper bekommen.

Die Auferstehung

Begeistert dich dieser Gedanke? Denkst du oft darüber nach? Meinst du, du wirst auch im Himmel als Physiotherapeut arbeiten?"

Matt: „Nun, es macht mich auch ein bisschen traurig. Ich werde einen neuen Beruf erlernen müssen, und du übrigens auch."

David: „Das ist in Ordnung. Spinnen wir diesen Gedanken noch ein wenig weiter, Matt. Wir alle haben gewisse Einschränkungen. Bei dir sind es die Augen, andere haben ein Hörproblem, wir alle hier haben unsere Beschränkungen. Freust du dich auf einen Körper, der davon frei ist?"

Matt: „Der Abschnitt von Paulus, den du heute Morgen vorgelesen hat, ist ein großartiger Text, den wahrscheinlich die meisten von uns in diesem Kontext schon betrachtet haben. Diese Vorstellung von Vollkommenheit, der Abwesenheit von Schmerz und Müdigkeit und noch vielem mehr – die Fähigkeiten, die dieser Körper uns verleihen wird. Es wird keine Unvollkommenheiten, keine Behinderungen geben, genauso wenig wie Bewegungseinschränkungen, soweit ich das verstehe. Unser Körper wird wie Jesu Körper sein. Er konnte durch Wände gehen, er konnte problemlos in den Himmel auffahren; unsere Mobilität wird hervorragend sein. Aber natürlich gilt für diejenigen unter uns, die in ihrem Leben etwas verloren haben, Folgendes: Man lernt etwas erst zu schätzen, wenn man es nicht mehr hat. Wir halten zu vieles für selbstverständlich. Diesen Donnerstag traf ich in London einen Mann, als ich das *Royal National Institute for the Blind* (das staatliche Blindeninstitut) besuchte. Wir kannten uns noch aus dem College. Eines der ersten Dinge, die er mir erzählte, war, dass er blind geboren wurde. Ein anderer Satz von ihm gehört zu den schönsten Aussagen, die ich je gehört habe: ‚Ist dir bewusst, dass Jesus Christus die erste Person sein wird, die ich zu Gesicht bekommen werde?' Das veranschaulicht vielleicht diesen wunderschönen Zustand ganz gut, der dann bestehen wird."

David: „Ja, das ist ein wunderbarer Gedanke, den wir alle mitnehmen können. Ich möchte mich nun einem ganz anderen Thema zuwenden, Matt. Du bist nicht nur Physiotherapeut, sondern auch in der Telefonseelsorge tätig. Ich werde das nicht an die große Glocke hängen, weil du es vorziehst, diese Arbeit anonym zu tun – und dennoch: Du wirst von Menschen kontaktiert, die das Gefühl haben, sie könnten ihren Problemen nur entkommen, wenn sie ihren Körper töten. Was bringt jemanden zu einer solchen Verzweiflungstat?"

Matt: „Das ist ein sehr besonderes Thema. Gerade gestern Abend sprach ich mit jemandem darüber. Diese Person sagte zu mir: ‚Hören Sie, wenn das Leben nach dem Tod so viel besser ist als das Leben hier, wie kann es sein, dass Menschen, bzw. eigentlich jeder, die Tendenz hat, sich an dieses Leben zu klammern, das doch so hart ist? Man versucht sein Leben festzuhalten. Warum sind die Menschen nicht bereit, es aufzugeben?' Ich antwortete: ‚Tatsächlich verbringe ich nicht gerade wenig Zeit damit, Menschen zu überreden, an diesem Leben festzuhalten und es nicht einfach wegzuwerfen.' Doch das Interessante ist: Gerade die Menschen, die immer so sehr darauf bedacht sind, ihr Leben aufzugeben, sind auch die, die ihren gesamten Glauben in dieses Leben investiert haben, in die Freuden des Reichtums beispielsweise, es sind genau diese Menschen, die einen Punkt erreichen, an dem sie sagen: ‚Dieses Leben ist nicht das, was ich erwartet hatte, es ist nicht das, was ich eigentlich wollte, daher werde ich mich daraus verabschieden.' Es ist schon seltsam: Menschen, die ihren Lebenssinn nur darin finden, was diese Welt ihnen zu bieten hat, merken schließlich, dass es doch nicht das ist, was sie wollten oder was sie sich vorgestellt hatten – und genau diese Leute werden dann oft so depressiv, dass sie das Leben nicht mehr für lebenswert halten und bereit sind, es wegzuwerfen. Wir würden natürlich sagen, dass dies überhaupt kein Ausweg ist."

David: „Tatsächlich könnten sie vom Glauben an ein Leben nach dem Tod am meisten profitieren. Es würde ihnen helfen, die richtige Perspektive auf das Leben hier zu bekommen."

Matt: „Ja, das stimmt; so oft stellt man fest, dass Menschen mit einer festen Glaubensüberzeugung, was das Leben nach dem Tod betrifft, offensichtlich den Sinn ihres Lebens im Hier und Jetzt finden."

David: „Das ist ein gutes Schlusswort. Vielen herzlichen Dank, Matt."

....

Ich will dieses Thema nun noch weiter ausführen und es anhand der Bibel betrachten. Im vorangegangenen Kapitel haben wir darüber gesprochen, was mit einer Person geschieht, die stirbt. Wir haben festgestellt, dass der Tod im Grunde genommen die Trennung des Geistes vom Körper bedeutet. Die Frage stellt sich nun: Was geschieht mit Körper und Geist? Manche sagen es mit einem Wort und zwar „Auslöschung", sowohl Körper als auch Geist hören auf zu existieren. Sie gehen sogar noch weiter und behaupten, dass es so etwas wie den Geist gar nicht gäbe. Vergleichbar einem Mann, der eine menschliche Leiche bis ins Kleinste sezierte und dann sagte: „Ich konnte nirgendwo eine Seele finden." Er war genauso dumm wie jemand, der eine Orgel auseinandernahm, um die Musik darin zu finden.

Und dennoch ist Auslöschung eine Antwort, die manche auf diese Frage geben; mit Körper und Geist ist es vorbei. Eine andere Antwort lautet „Unsterblichkeit". Sie besagt, dass der Geist weiterlebt, befreit vom Körper, während der Körper vergeht. Untersucht man, wie Sokrates starb, so entdeckt man etwas sehr Erstaunliches. Er nahm den Schierlingsbecher, d.h.

er trank Gift; zuvor war er zum Tode verurteilt worden, doch man ließ ihm die Wahl, als freier Bürger Selbstmord zu begehen. Als er das Gift trank, hatte er seine Jünger um sich versammelt. Ruhig und fröhlich sprach er mit ihnen über die Freuden eines Geistes, der vom Körper befreit ist, und starb in absolutem Frieden. Jemand hat einmal gesagt, Sokrates sei in einem viel besseren Geisteszustand gestorben als Jesus. Sollte Sokrates mit seinen Aussagen Recht gehabt haben, dann würde das zutreffen. Dann hätte Jesus in Gethsemane nicht vor dem zurückschrecken müssen, was ihm bevorstand. Doch die Aussagen von Sokrates sind falsch. Eine vom Körper getrennte Seele ist nicht schon allein dadurch freier.

Die dritte Antwort, die man üblicherweise gibt, nennen wir Reinkarnation, was bedeutet, dass der Geist im Körper einer anderen Person oder eines anderen Wesens wieder auf die Erde zurückkehrt. Die Buddhisten glauben daran, zusätzlich zu anderen, die ebenfalls die Vorstellung einer solchen Wiedergeburt akzeptiert haben – selbst Geistliche in unserem Land haben mit diesem Gedanken gespielt. Christen berufen sich jedoch auf die Auferstehung: Eines Tages werden der Körper und der Geist wiedervereint, was vollkommene Freiheit bedeutet. Genau darauf freuen wir uns und das erklären wir auch in unserem Glaubensbekenntnis, wenn wir sagen: „Ich glaube an die Auferstehung des Körpers" – damit meinen wir, dass Körper und Geist eines Tages zusammenkommen werden.

Wir haben die Zwischenzeit zwischen Tod und Auferstehung bereits im vorangegangenen Kapitel behandelt. Lassen Sie uns nun über die Auferstehung sprechen. Viele Menschen lachen über diese Vorstellung, selbst zu Lebzeiten Jesu. Eine Gruppe von Menschen, die man Sadduzäer nannte, konnte dieses Konzept einfach nicht akzeptieren. Sie konnten nicht glauben, dass der Körper wiederauferstehen und mit dem Geist wiedervereint würde. Daher versuchten sie, Jesus mit dieser Art von Frage eine Falle zu stellen: „Angenommen eine Frau hatte auf dieser

Erde insgesamt sieben Ehemänner, wobei einer nach dem anderen starb – was wird dann im Jenseits geschehen, ein ewiger Familienstreit?" Jesus musste es ihnen ganz einfach erklären, hier kommen seine Worte: „Die Kinder der Auferstehung sind anders beschaffen." Er verwendete den Begriff „Auferstehung" in seiner Antwort.

Den Griechen gefiel diese Vorstellung überhaupt nicht. Ich war schon auf dem Areopag, wo Paulus zu den griechischen Philosophen sprach. Bis zu einem bestimmten Punkt hörten sie ihm zu. Sie lauschten seinen Worten, als er ihnen seine Konzepte von Gott, vom Gericht, vom menschlichen Leben und vom Gewissen vorstellte, das alles hörten sie sich an und akzeptierten es. Doch dann verwendete er ein Wort, über das sie sich lustig machten. Er gebrauchte den Begriff „Auferstehung". Sie glaubten an die Unsterblichkeit der Seele. Die Vorstellung jedoch, dass ein Körper wieder zum Leben erweckt würde, war für sie so lächerlich, dass sie begannen, ihn zu verspotten und auszulachen. Die Griechen konnten das also genauso wenig akzeptieren wie die Sadduzäer.

Heutzutage gibt es Wissenschaftler und Philosophen, die glauben, man müsste die Idee der Auferstehung verwerfen, wenn das Christentum eine realistische Option für vernunftbegabte Menschen im 21. Jahrhundert bleiben soll. Einerseits sagen sie: „Das ist zu materialistisch, dadurch wird der Himmel zu einem konkreten Ort", doch genau dazu hat Jesus ihn gemacht. „Die Auferstehung lässt das Leben nach dem Tod zu sehr wie das Leben im Hier und Jetzt erscheinen." Doch wenn Gott es so eingerichtet hat, wer sind wir, dass wir mit ihm darüber streiten könnten? Der Hauptgrund, warum sie dieses Konzept nicht akzeptieren wollen, liegt darin, dass es zu wunderbar ist. Menschen fragen: „Wie könnte Gott denn die Körperzellen einer begrabenen oder sogar kremierten Person wieder zusammenfügen?" Natürlich zweifeln sie Gottes Allmacht schon allein durch diese Fragestellung an.

Es gibt eine bestimmte Tatsache, auf die wir unseren Glauben gründen, dass wir eines Tages einen neuen Körper bekommen werden. Diese Tatsache ist historisch und sogar wissenschaftlich nach den gängigen Regeln der Geschichtsforschung untersucht worden – und sie hat sich als unumstößlicher Fakt herausgestellt: dass Jesus von den Toten auferstanden ist.

Die Beweislage für die Auferstehung ist besser als für die meisten, wenn nicht sogar für alle historische Begebenheiten der damaligen Zeit. Jeder, der sie unvoreingenommen untersucht, muss zur selben Schlussfolgerung gelangen. Darum sind wir als Christen überzeugt, dass Christus körperlich von den Toten auferstanden ist und sagen konnte: „Ich bin kein Geist. Ein Geist hat kein Fleisch und Blut; gebt mir Fisch zu essen", während er für seine Jünger am Strand das Frühstück zubereitete. Aus diesem Grund wagen wir, an die Auferstehung des Körpers zu glauben. Jesus wurde begraben. Sein Geist und sein Körper wurden für drei Tage und drei Nächte voneinander getrennt. Doch die Geschehnisse des ersten Ostersonntags beweisen, dass der allmächtige Gott beide wieder zusammenbringen kann. Am Tag vor seinem Tod sagte Jesus: „Weil ich lebe, werdet auch ihr leben." Dabei handelt es sich nicht um ein isoliertes Geschehen, sondern um das erste von vielen weiteren Events.

Eines Tages sollte Paulus von einem Mann namens Felix zum Tode verurteilt werden. Er sagte zu ihm: „Was mich auf diese Anklagebank gebracht hat, ist meine Hoffnung auf die Auferstehung der Gerechten und der Ungerechten." Damit lag er vollkommen richtig, da die Sadduzäer ihn vor Gericht gezerrt hatten. Genau darum ging es, was Paulus sehr wohl wusste, denn er hat es für uns aufgeschrieben: Die Auferstehung ist der Dreh- und Angelpunkt unseres Glaubens. Wenn Christus nicht auferstanden ist, sollten wir unsere Gemeinden getrost schließen. Falls Jesus tot geblieben ist, könnten wir keinesfalls so fröhlich über diese Themen sprechen, wie wir es jetzt tun, d.h. wenn er nur der großartigste Mensch war, der je gelebt hat und gestorben wäre wie jede andere berühmte Persönlichkeit auch.

Die Auferstehung

In diesem Kapitel werde ich zwei Dinge erörtern: die Auferstehung der Gerechten und der Ungerechten. Noch einmal, Sie kommen nicht um diese Tatsache herum: Was auch immer die Bibel über unser Leben nach dem Tod sagt, es gibt immer diese Aufteilung in zwei Gruppen. Welchen Teil der Bibel Sie auch betrachten mögen, diese grundlegende Unterscheidung durchzieht alle Aussagen über die Zukunft – und schließlich führt sie zum größten Kontrast überhaupt, zu Himmel und Hölle. Doch diese Kluft besteht von Anfang an. Von Anfang an gibt es nur diese zwei Menschengruppen in der Bibel. Wann immer die Auferstehung des Körpers zur Sprache kommt, werden zwei Gruppen erwähnt: die Gerechten und die Ungerechten.

Betrachten wir nun diese beiden Gruppen und untersuchen wir, was die Bibel über sie sagt. Zunächst die Auferstehung der Gerechten. Wer sind sie? Die Antwort lautet: Es sind die Menschen, die von Gott für würdig erachtet werden, in den Himmel zu kommen und ewig mit ihm zusammenzuleben. Ihre Namen stehen in seinem Buch des Lebens. Das ist eine sehr einfache Erklärung. Die Bibel verwendet hier einen sehr gewichten Begriff, das Wort „gerechtfertigt" oder „Rechtfertigung". Meiner Ansicht nach übersetzt die Bibel in Pidginenglisch diesen Begriff ganz wunderbar. Wussten Sie, dass es eine Bibelübersetzung in Pidginenglisch gibt? Sie ist für die vielen Gegenden der Welt übersetzt worden, in denen diese Form der englischen Sprache gesprochen wird. Statt des Begriffs „gerechtfertigt", eines lateinischen Wortes, das selbst ein Engländer nicht verstehen kann, heißt es dort: „Gott, er sagt, ich bin o.k." Das nenne ich eine gewaltige Aussage. Genau das bedeutet gerechtfertigt. Die Gerechten sind die Menschen, über die Gott sagt: „Er ist o.k.; sie ist o.k."

Aber wie kommt man überhaupt in diese Kategorie? Wie kommt man in dieses Buch? Wie können wir vor Gott gerecht sein? Es gibt zwei Wege. Der erste Weg besteht darin, perfekt zu sein. Wenn Sie ein vollkommenes Leben führen und jeden

Tag Ihres Lebens nur das Richtige und Gute tun, wenn Sie alles tun, was Sie tun sollten und nichts Falsches, wenn Sie also ein perfektes Leben führen, sind Sie in Gottes Augen gerechtfertigt. Wäre das allerdings der einzige Weg der Rechtfertigung, so würde nur eine einzige Person in den Himmel kommen und zwar Jesus – der einzige Mensch, über den Gott sagen konnte: „Du bist gerecht." Das Erstaunliche ist allerdings, dass die Bibel Millionen anderer derselben Kategorie zuordnet – nicht, weil sie perfekt sind, sondern weil sie begnadigt worden sind, weil ihnen vergeben wurde. Sie haben freiwillig darum gebeten, dass ihr Fall schon in diesem Leben statt im nächsten vor Gericht verhandelt wird. Sie haben darum gebeten, dass Gott sie schon in der Gegenwart aburteilt und ihnen ihre Sünden vergibt – um Jesu Christi willen. Laut meiner Bibel geschieht Folgendes: Sobald ein Mensch dies tut, wird seine Rechtssache nicht am letzten Tag verhandelt, sondern schon jetzt. Gott untersucht dann diesen Fall und sagt: „Gerechtfertigt in meinen Augen. In Ordnung." Das ist Vergebung – und jeder Mensch, der darum bittet, ist in Gottes Augen gerechtfertigt.

Daher schließt diese Kategorie der Gerechten nicht nur Jesus mit ein, der perfekt ist, sondern alle anderen, die seinetwegen begnadigt worden sind. Folglich handelt es sich um eine riesengroße Gruppe, die eines Tages auferstehen wird. Dabei stellen sich zwei Fragen: Wann? Und wie? Wann wird das geschehen? Auch hier ist die Bibel eindeutig; diesen Punkt anzuzweifeln ist absolut unnötig, obwohl es sogar bei diesem Thema einige Dinge gibt, derer wir uns nicht sicher sind. Doch ein Punkt ist völlig klar, und er hat mit der Wiederkehr Jesu zu tun. Das wissen Sie bestimmt. Sie wissen, dass das nächste große Ereignis in der Weltgeschichte die Rückkehr Jesu auf diese Erde ist. Nicht der Tag, an dem Menschen auf dem Mars stehen, nicht der Dritte Weltkrieg ist entscheidend, sondern die Wiederkunft Jesu wird das nächste wirklich wichtige Event der Weltgeschichte sein.

Die Auferstehung

Jeder Christ hält danach Ausschau, denn dieses Event ist in der Bibel eng mit der Auferstehung der Gerechten verbunden. Hier kommt eine typische Aussage: „Dann wird er unseren hinfälligen, sterblichen Leib verwandeln und ihn dem herrlichen, unvergänglichen Leib gleich werden lassen" (Philipper 3,21). Mit anderen Worten, wir warten auf sein Kommen, weil es bei seinem Kommen geschehen wird: Die Gerechten werden auferstehen. Es gibt viele weitere Bibelstellen, auf die wir in diesem Zusammenhang verweisen könnten. Eine davon ist 1. Korinther 15, wir haben sie bereits gelesen. Allerdings habe ich nicht den Teil vorgelesen, in dem es heißt, dass Christus als Erster auferstanden ist und dass bei seinem Kommen die Menschen, die zu ihm gehören, auferstehen werden. Um es noch einmal zu sagen: Diese beiden Ereignisse hängen zusammen. Wir stellen fest, dass 1. Thessalonicher 4,16–17 dieselbe Aussage macht: „Auf den Befehl Gottes werden die Stimme des höchsten Engels und der Schall der Posaune ertönen, und Christus, der Herr, wird vom Himmel herabkommen. Als Erstes werden die auferstehen, die im Glauben an Christus gestorben sind.

Dann werden wir, die wir zu diesem Zeitpunkt noch leben, mit ihnen zusammen unserem Herrn auf Wolken entgegengeführt, um ihm zu begegnen. So werden wir für immer bei ihm sein."

Es gibt dazu so viele Abschnitte in der Bibel, doch wir werden im Unklaren gelassen, *wann* Jesus zurückkehrt. Bei seiner Wiederkunft wird er derselbe Jesus sein, der in den Himmel auffuhr. Seine Rückkehr wird auf dieselbe Art geschehen, wie seine Himmelfahrt. Er stieg in die Wolken hinauf und er wird auf den Wolken zurückkehren. Er kommt auf den Wolken, genau wie die Engel es am Himmelfahrtstag angekündigt haben: Es wird auf dieselbe Weise geschehen, nur in umgekehrter Richtung. Wie er gegangen ist, so wird er wiederkommen, doch sein zweiter Besuch auf der Erde wird sich vom ersten Mal völlig unterscheiden. Das erste Mal kam er als ein armes Kind, sodass die meisten Menschen ihn nicht als König erkannten. Bei seinem ersten Kommen gab es einen winzigen kleinen Lichtpunkt am Himmel, einen Stern als Zeichen seiner Ankunft. Bei seiner Wiederkunft wird die ganze Welt wissen, wer da gekommen ist. Gleichzeitig ist das Zeichen seiner Ankunft keinesfalls nur ein kleiner Lichtpunkt.

Jesus hat gesagt: „Meine Wiederkunft wird sein wie ein Blitz, der den Himmel von Osten nach Westen erleuchtet." Es wird also ganz anders sein. Derselbe Jesus und doch ein anderer, dieselbe Art und Weise und doch ganz anders, genauso und doch anders. Ich möchte Ihnen vermitteln, dass wir diesen Begriff verwenden müssen, wenn wir über das zweite Kommen unseres Herrn sprechen: „genauso und doch anders." Wenn ich nun die Frage stelle: Wie werden wir auferstehen, so muss die Antwort dieselbe sein: genauso und doch anders – ein Körper, der unserem jetzigen Leib ähnlich und doch anders ist.

Kommen wir nun zu den praktischen Dingen. Welche Art von Körper? Er wird unserem jetzigen Körper ähneln, und wir können mit Fug und Recht Folgendes behaupten: Es gibt viele Vorgänge, die wir bereits aus eigener Erfahrung kennen und die zeigen, wie ein Körper sich in einen anderen verwandeln kann. Matt hat es bereits erwähnt, und ich glaube, es entspricht dem Stand der Wissenschaft, dass der Körper viele seiner Zellen alle sieben Jahren erneuert – oder dass der ganze Körper jede sieben Jahre einmal komplett runderneuert worden ist. Ob nun manche Teile von uns unverändert bleiben, weiß ich nicht, aber in einem normalen, gesunden Körper erneuern sich die Zellen ungefähr alle sieben Jahre. Daher habe ich bereits auf dieser Erde nicht mehr denselben Körper, mit dem ich zur Welt gekommen bin. Vielmehr habe ich ihn schon von Kopf bis Fuß ausgetauscht. Folglich ist uns der Gedanke, dass sich der Körper in einen anderen verwandelt, nicht völlig fremd. Junge Körper verwandeln sich in alte.

Zudem kennen Sie wahrscheinlich aus dem Biologie-Unterricht das Geheimnis der Raupe und des Schmetterlings. Dreimal findet im Kokon eine körperliche Verwandlung statt;

Die Auferstehung

jeder dieser Körper sieht ganz anders aus als die übrigen zwei; doch der erste führt zum zweiten und der zweite zum dritten. Das finden wir nicht besonders außergewöhnlich, obwohl es jedes Mal ein Wechsel des Körpers ist. Daher kennen wir diese Vorgänge bereits aus unserem Alltag.

Vor allem, sagt Paulus, finden wir die Antwort in unserem Garten. Nehmen wir einen Samen, eine Kartoffel, und pflanzen sie im Boden ein. Sie wird verrotten und wieder zu Staub werden. Gräbt man sie nach ein paar Monaten wieder aus, ist nur noch eine kleine Hülle übrig. Das Erstaunliche ist jedoch: Wenn Sie eines Tages nach mehreren Monaten diesen Boden wieder aufgraben, werden Sie eine Knolle, einen „Körper" nach dem anderen finden, die genauso aussehen wie die ursprüngliche Kartoffel, die Sie eingepflanzt hatten. Und doch ist es nicht mehr die ursprüngliche Knolle. Ein Körper ist aus ihr hervorgegangen, während die erste Pflanze gestorben und wieder zu Staub geworden ist.

In Ihrem eigenen Garten gibt es also mindestens einen vergleichbaren Vorgang: Etwas wird im Boden vergraben, zerfällt zu Staub, und gleichzeitig entsteht aus ihm ein neuer Körper. Daher können wir wirklich nicht behaupten, dass eine solche Entwicklung für uns unvorstellbar wäre. Wenn wir bei einer Beerdigung die sterblichen Überreste eines geliebten Menschen begraben, denke ich oft, dass wir einfach nur etwas in den Garten einpflanzen. Wir erwarten, dass daraus ein Körper hervorgeht – ähnlich und doch nicht derselbe; irgendwie mit dem alten verbunden, auch wenn wir nicht verstehen, wie, und doch ganz neu.

In welcher Hinsicht wird er anders sein? Er wird irgendwie verwandelt werden. In dem wunderbaren Abschnitt aus 1. Korinther 15 berichtet uns Paulus von vier Unterschieden zwischen dem neuen Körper und dem Körper, in dem ich mich gerade befinde. Hier kommen sie. Erstens, mein jetziger Körper ist korrupt, d.h. er wird verwesen. Der neue Körper wird unverweslich sein. Lassen Sie diese Worte auf sich wirken. Es sind wieder gewichtige Worte, doch wir wollen betrachten, was sie genau bedeuten. Matt hat einen Satz aus meiner Predigt stibitzt und zwar, dass man im Moment seiner Geburt schon wieder zu sterben beginnt. Das ist eine Tatsache. Ich bin ein sterbender Mann, der zu sterbenden Menschen spricht. Damit meine ich nicht, dass wir alle gerade beim Arzt waren und schlechte Nachrichten erhalten haben. Worauf ich hinauswill, ist die simple Tatsache, dass ich, als ich geboren wurde, schon wieder zu sterben anfing; meine Zellen begannen sofort, abzusterben. Das wird uns immer bewusster; es betrifft unsere Zähne, unsere Haare und unsere Knochen. Das Haar wird dünner, die Zähne beginnen zu verfallen, während die Knochen immer brüchiger werden; uns ist sehr bewusst, dass wir uns in einem Körper befinden, der abbaut – und es wäre dumm, sich oder anderen Menschen diese Tatsache nicht einzugestehen. Laut Shakespeare ist der Mensch am Ende „ohne Zähne, ohne Augen, ohne Geschmack, ohne alles", und genau diesen Menschen sehen wir im Spiegel.

Wir freuen uns daher auf einen Körper, der weder altern noch schwächer werden wird, der nicht abbaut; ein Körper, der sich nicht in diesem ständigen Kampf gegen den Verfall befindet, der schon eingesetzt hat. Ein Zahnarzt verbringt sein ganzes Leben damit, diese Schlacht zu schlagen. Da es uns missfällt, diesen Kampf entweder mit dem Verfall oder mit dem Zahnarzt auszufechten, verdrängen wir ihn, so lange es geht, doch der Zahnarzt kämpft diesen Kampf. Für den Physiotherapeuten gilt dasselbe, ebenso wie für den Chirurgen. Wir kämpfen diesen Kampf. Im Himmel wird es ihn nicht mehr geben. Wir alle werden neue Berufe ausüben und neue Gaben entwickeln müssen. Uns allen bleibt nichts anderes übrig, als neue Aufgaben zu finden. Ist die kommende Welt allerdings nur im Entferntesten so interessant wie die jetzige, und die Bibel deutet an, dass sie noch interessanter sein wird, dann werden wir dort noch viel

Die Auferstehung

wunderbarere Dinge zu tun haben als hier. Übrigens wird es einen neuen Himmel und eine neue Erde geben, beide wunderschön; das ganze Universum wird neu sein. Es wird viel zu tun geben, allerdings nichts mehr für den Ärztestand.

Der zweite Unterschied besteht darin, dass unser jetziger Körper unansehnlich und schwach ist, der neue Körper aber herrlich sein wird. Ich erinnere mich daran, wie ich einen liebenswerten alten Christen im Krankenhaus besuchte, der fast wieder zu einem Kind geworden war, für das man alles tun musste. Er wandte sich mir zu und sagte: „Weißt du, jetzt verstehe ich den Ausdruck ‚der Leib unserer Niedrigkeit'" (siehe Philipper 3,21). „Er verletzt mein Ehrgefühl, dass andere jetzt alles für mich tun müssen." Dieser Leib unserer Niedrigkeit ist ein Körper, der auf die eine oder andere Art durch unsere Sünden gekennzeichnet ist – jeder Mensch über 40 ist dabei übrigens für den Zustand seines Gesichts selbst verantwortlich. Unser Körper, der zeigt, was wir durchgemacht haben, ist ein hinfälliger, sterblicher Leib, doch der herrliche neue Körper wird dem Leib Jesu ähneln. Er wird aussehen wie Jesus, als der sich auf dem Berg der Verklärung befand. Dieser Anblick war so herrlich, dass die Jünger es kaum ertragen konnten, ihn auszuschauen. Wir werden so sein wie er, mit einem herrlichen Körper.

Laut Paulus besteht der dritte Kontrast darin, dass unser Körper jetzt schwach ist, jedoch einmal voller Kraft sein wird. Wir sind uns unserer Schwäche sehr bewusst, bis wir in der Blüte des Lebens stehen und glauben, wir könnten alles allein bewältigen und bräuchten keinerlei Hilfe. Doch auch das geht schnell vorüber, und wir werden erneut hilfsbedürftig. Wir sind schwach. Selbst in der Blüte unseres Lebens gibt es Schwäche, und wir sind nicht in der Lage, das zu tun, was wir eigentlich wollen. Sogar junge Männer straucheln und fallen, wieviel mehr die älteren und die ganz kleinen. Sowohl am Anfang als auch am Ende des Lebens gibt es körperliche Einschränkungen, doch danach kommt ein Leben in Kraft. Die biblischen

Auferstehungsgeschichten vermitteln mir den Eindruck, dass Jesus die Macht hatte, alles zu tun, was er wollte, einschließlich der Fähigkeit, wie schon erwähnt, den Weltraum zu bereisen. Kein Mensch war bisher im Weltraum außer Jesus. Jeder andere Mensch musste in einer irdischen Kapsel leben, wenn er das Weltall bereisen wollte. Doch Jesus besaß die Macht, ungehindert zu reisen; verschlossene Türen waren für ihn kein Hindernis. Ein Körper voller Kraft; auch wir werden diesen starken, mobilen Körper in der Blüte seiner Kraft besitzen.

Der vierte Unterschied besteht zwischen einem physischen, natürlichen Körper und einem geistlichen Körper. Damit ist jedoch nicht eine schemenhafte, in ein Nachthemd gekleidete Seele gemeint, die nicht greifbar ist. Vielmehr geht es darum, dass mein jetziger Körper aus Fleisch geboren wurde; er kam aus der Erde und wird auch dorthin zurückkehren; es ist ein Körper, der mich an diese Existenz hier auf der Erde bindet. Der neue Körper, den ich dort haben werde, kommt von oben und nicht von unten. Anhänger der Evolutionstheorie, die glauben, ein Körper könne sich ausschließlich durch einen langen Prozess der Evolution entwickeln, werden an diesem Tag sehr verblüfft sein, wenn wir einen Körper aus dem Himmel erhalten.

Die Frage ist, woher man kommt, von unten oder von oben, das ist der Unterschied. Jeder Wolkenkratzer, den der Mensch baut, muss von unten her aufgebaut werden. Wir jedoch halten nach einer Stadt Ausschau, deren Erbauer und Schöpfer Gott selbst ist, wir warten auf das Neue Jerusalem, das aus dem Himmel herabkommt. Das ist der Unterschied der Denkweise zwischen einem Christen und einem Nichtchristen. Während ein nichtgläubiger Mensch meint, alles müsste aus der Erde heraus entstehen, sagt der Christ: „Nein, die wirklich wertvollen Dinge kommen aus dem Himmel, und das schließt auch unseren neuen Körper mit ein." Am Anfang steht also ein Körper, der von unten gekommen ist und auch dorthin zurückkehrt, doch dann erhalten wir einen Körper von oben, der zu uns passt und für die himmlischen Sphären geeignet ist. Ein geistlicher Körper hat die Freiheit, sich überall dort zu bewegen, wo der Geist ihn hinführt. Das ist damit gemeint. Genauso, wie ich das Bild Adams getragen habe, werde ich dann das Bild Christi tragen.

Eine kurze Bemerkung für diejenigen unter meinen Lesern, die noch leben werden, wenn der Herr Jesus zurückkehrt. Wenn Sie dazugehören, werden Sie das höchst spannende Erlebnis genießen dürfen, niemals zu sterben. Ich finde das aufregend. Paulus hoffte, er würde das noch erleben, doch diese Hoffnung wurde enttäuscht. Jede Generation von Christen hofft darauf, dass sie nicht sterben muss. Manche von uns werden entschlafen, doch andere werden noch am Leben sein, wenn dieser Tag der Auferstehung kommt. Was geschieht mit den Menschen, die dann noch leben? Auch sie werden neue Körper brauchen. Ihre alten Leiber können das Reich Gottes nicht empfangen. Nun verrate ich Ihnen ein Geheimnis: Wir werden nicht alle sterben, aber wir alle werden in einem Moment verwandelt werden; in einem Augenblick werden die Toten unverweslich auferstehen, und wir, die wir dann noch leben, werden dann verwandelt.

Vielleicht haben Sie schon öfter gehört, wie diese Verse in Händels Messias gesungen wurden. Haben Sie daran geglaubt? Es wird der lauteste Tag der Geschichte werden. Die Erzengel werden rufen, die Trompeten blasen, Jesus wird mit einem lauten Schrei aus dem Himmel herabsteigen – laut genug, dass die Toten ihn hören werden. Wir sprechen hier über eine Lautstärke, die Tote auferwecken kann. Wir sind dazu nicht in der Lage, doch Jesus kann und wird es tun.

Wir haben also diese eindrückliche Vorstellung von zwei Menschengruppen. Mir scheint, dass beide in einem Vers, der auf den meisten Beerdigungen gelesen wird, Erwähnung finden. Jesus hat gesagt: „Ich bin die Auferstehung und das Leben. Wer an mich glaubt, der wird leben, selbst wenn er stirbt." – das ist die erste Gruppe. „Und wer lebt und an mich glaubt, wird niemals sterben" (Johannes 11,25–26). Das scheint mir die zweite Gruppe zu sein. Im 2. Timotheus 4,1 heißt es dazu, dass Jesus kommen wird, um die Lebenden und die Toten zu richten. Hier sehen wir diese beiden Gruppen. Wer im Glauben an Jesus Christus stirbt, wird leben; wer noch am Leben ist und an Jesus glaubt, wird niemals sterben, doch wir werden alle zusammen entrückt werden. Was für ein wunderbarer Gedanke! Was für eine Versammlung! Das größte christliche Event, an dem Sie je teilnehmen werden.

Nun muss ich jedoch zur anderen, ernsteren Seite dieses Themas kommen, der Auferstehung der Ungerechten. Die Bibel macht es sehr deutlich, dass alle von den Toten auferstehen werden. Die Ungerechten sind die Menschen, die Gott nicht annimmt, was einfach gesagt bedeutet, dass sie weder perfekt sind noch begnadigt werden. Mehr dazu im nächsten Kapitel. Doch betrachten wir nun zwei Fragen: Wann werden die Ungerechten auferstehen und wie? Zunächst einmal: Wann? Viele gehen davon aus, dass es zeitgleich mit den Gerechten geschehen wird.

Nach sehr gründlichem Bibelstudium muss ich ganz offen sagen, dass ich zu der Überzeugung gekommen bin, dass die Ungerechten nicht zeitgleich mit den Gerechten auferstehen werden. Gleichzeitig respektiere ich anderen Ansichten zu diesem Thema. Zunächst einmal gibt es Jesu Aussagen, dass einer hinweggenommen wird und der andere dableibt. Das müssen wir berücksichtigen und beachten. Diese Vorstellung hat so manchen Ehemann zu Christus gebracht, als ihm bewusst wurde: Jesus wird meine Frau entrücken, und ich muss möglicherweise hierbleiben. Doch es gibt noch viele weitere Punkte; zum Beispiel diese ungewöhnliche Formulierung, die immer dann kommt, wenn die Auferstehung der Toten erwähnt wird: „die Auferstehung aus den Toten". Sie bezieht sich auf den Christen und unterscheidet ihn von allen anderen.

Zudem gibt es eine Aussage in 1. Korinther 15, die besagt, dass die Auferstehung in drei Schritten erfolgt: Christus als erster, dann bei seinem Kommen die Menschen, die zu ihm gehören, und schließlich als dritte Phase das Ende. Aus der Bibel ergibt sich sehr deutlich, dass die Ungerechten erst am Ende auferstehen. Fakt ist auch, dass im Zusammenhang mit der Auferstehung der Gerechten in keiner Bibelstelle erwähnt wird, dass die Ungerechten zur selben Zeit auferweckt werden. Kommen wir schließlich zum letzten Buch der Bibel, so finden wir dort die deutlichste Aussage von allen; sie spricht unmissverständlich von der ersten und zweiten Auferstehung, wobei es heißt: „Glücklich sind alle, die an der ersten Auferstehung teilhaben" (Offenbarung 20,6). Daraus schließe ich, dass die Auferstehung zwar tatsächlich alle betreffen wird, die Ungerechten den Gerechten jedoch zeitlich weit hinterherhinken werden. Dazu werde ich jetzt nicht weiter ins Detail gehen.

Die andere Frage, die sich stellt, lautet: Wie? Wenn die Gerechten einen Körper empfangen, der die Herrlichkeit ihres wahren Lebens in Christus widerspiegelt, kann ich nur davon ausgehen, dass die Ungerechten einen Körper erhalten, der den wahren Zustand ihres sündigen, selbstsüchtigen Charakters reflektiert. Ich finde diesen Gedanken zutiefst angsteinflößend. Bereits in diesem Leben ist es doch so: Je älter wir werden, desto mehr ist unser wahrer Charakter an unserem Körper ablesbar. Gehen wir nun davon aus, dass sich am gläubigen Menschen die Schönheit Christi zu zeigen beginnt, dann wird am Sünder der Schrecken Satans immer mehr offenbar. Bringt die Auferstehung der Gerechten die Schönheit des Christen zur Vollendung, so scheint mir, dass die Auferstehung der Ungerechten die Hässlichkeit der Sünde auf die Spitze treibt. Darauf bezieht sich wahrscheinlich die biblische Aussage, dass die Ungerechten zu ewiger Schande und Schmach auferstehen werden (siehe Daniel 12,2).

Meine Schlussfolgerung lautet: Warum stehen wir von den Toten auf? Die Antwort ist sehr einfach: um das Gericht zu ermöglichen und zwar sowohl Belohnungen als auch Strafen. Diese Aspekte werden wir im nächsten Kapitel behandeln. Geben wir Jesus das letzte Wort zu diesem Thema. Hier kommen seine eigenen Worte aus dem Johannesevangelium: „Der Tag wird kommen, an dem die Toten in ihren Gräbern die Stimme von Gottes Sohn hören werden. Dann werden alle Menschen ihre Gräber verlassen: Die Gutes getan haben, werden auferstehen, um ewig zu leben, die aber Böses getan haben, um verurteilt zu werden" (Johannes 5, 28b-29). Das sind die Worte Jesu, und wir werden das Thema an diesem Punkt im nächsten Kapitel wieder aufgreifen.

Kapitel 4

DAS GERICHT

Jeder Geistliche hält von Zeit zu Zeit eine Beerdigung. Es gehört zu unserer Berufung, in solchen Zeiten der Not unseren Dienst zu tun. Dadurch kommen wir mit einer Menschengruppe in Kontakt, die als Bestatter bekannt ist. Für einen Geistlichen ist es eine große Freude, wenn er einem christlichen Bestattungsunternehmer begegnet, der die Aufgabe des Geistlichen versteht und weiß, was die Situation wirklich erfordert. Am Wichtigsten aber ist, dass der christliche Bestatter tatsächlich in der Lage ist, Menschen in dieser Zeit großer Not beizustehen. Oft ist er ja auch der erste, der ins Haus kommt und durch seine Worte Trost vermitteln kann. Ich bin Mr. Wakefield sehr dankbar, dass er heute Morgen hierhergekommen ist. Ich werde ihm ein paar Fragen stellen und hoffe, dass er seine Erkenntnisse mit uns teilen wird. Denn unter allen Berufen ist es seiner, der sich dem Tod stellt und stellen muss. Er muss damit zurechtkommen und sich bemühen, anderen zu helfen, dasselbe zu tun.

David: „Mr. Wakefield, ich weiß nicht genau, wie lange Sie schon Christ sind. Bitte erzählen Sie uns doch, wann Sie Christ geworden sind und wie Sie zu Jesus gefunden haben."

Mr. Wakefield: „Ich musste es selbst in meiner Bibel nachschlagen und habe dort den entsprechenden Eintrag gefunden. Ich bin 1952 Christ geworden. Dabei möchte ich hinzufügen, dass dies geschah, weil sich jemand um mich kümmerte und diesen Schritt für wichtig hielt. Gleichzeitig haben Menschen für mich gebetet. Damals war mein Sohn, der mittlerweile 23 Jahre alt ist, ungefähr vier, und wir beschlossen, ihn in die Sonntagsschule zu schicken. Vermutlich einfach nur deshalb, weil wir ihn aus dem Weg haben wollten! Also beschlossen wir, ihn in die Sonntagsschule zu schicken, genauso wie seine kleine Schwester, so entstand der Kontakt. Der damalige Pastor, der ehrenamtlich tätig war, besuchte die Eltern, und ich war schließlich der Vater, daher besuchte er auch mich. Dieser liebenswerte Mann beschloss, dass unsere Familie für den Herrn gewonnen werden sollte, und er hatte Erfolg, indem er mir einfach das Wort Gottes vorlas. Ich hatte bis dahin kein einziges Mal die Gemeinde besucht und wusste nicht einmal, wie sie von innen aussah, mit Ausnahme einer winzigen Kapelle. Doch er brachte mich zu Jesus, indem er mir Gottes Wort vorlas und beharrlich blieb. Eine ganze Zeit lang besuchte er mich ungefähr alle zwei Wochen. Heute glaube ich, auch wenn ich es damals noch nicht wusste, dass die Gebete der Gläubigen mich zum Herrn geführt haben."

David: „Wunderbar. Den Beruf des Bestatters üben Sie jedoch schon länger aus. Was für eine schöne Berufung, schließlich können Sie den Menschen wirklich helfen. Allerdings würden nicht viele Menschen diesen Beruf wählen. Wie sind Sie Bestatter geworden?"

Mr. Wakefield: „Zunächst beschloss mein Vater, dass ich ein Handwerk erlernen sollte. Ich würde meinen Beruf zwar nicht als Handwerk bezeichnen, aber sei's drum. Ich wurde Lehrling in einer Kunstschreinerei. Natürlich gehörte es auch zu meiner Tätigkeit, Särge herzustellen. Daher kann ich wohl sagen, dass ich zu den wenigen Bestattern gehöre, die ihren Beruf von der Pike auf gelernt und sich dann hochgearbeitet haben."

David: „In gewisser Hinsicht kann es ein einsames Leben sein. In einer früheren Predigt in dieser Reihe habe ich gesagt, dass die Menschen vor dem Tod davonlaufen und vermutlich deshalb auch vor allem, was damit zu tun hat. Erleben Sie das auch so?"

Mr. Wakefield: „Wie ich es einigen gerade erklärt habe, spricht das gegen mich. Es gibt nicht viele Menschen, die mich gerne kennenlernen wollen."

David: „Allerdings haben Sie die Möglichkeit, Menschen zu helfen. Sie begegnen ihnen zu einem Zeitpunkt, an dem sie zutiefst bedürftig sind. Bitte beantworten Sie die nächste Frage ganz ehrlich. Bemerken Sie irgendeinen Unterschied, wenn Sie nach einem Todesfall in ein christliches Haus kommen?"

Mr. Wakefield: „Als Christ bin ich zutiefst davon überzeugt, dass diese Menschen, die auch Christen sind, einen Beistand haben. Ein weiterer Aspekt, der bei Christen auffällig ist, wird bei der Beerdigung sichtbar: Menschen mit einem tiefen Glauben an unseren Herrn halten an diesem Glauben und an Jesus selbst fest. Obwohl sie natürlich auch um ihren Verlust trauern, sind sie meiner Erfahrung nach äußerlich nicht so betrübt oder tief verzweifelt wie Menschen, die keinen Glauben haben."

David: „Wie trösten Menschen, die nicht gläubig sind, sich selbst in einer solchen Situation?"

Mr. Wakefield: „Sie greifen nach allem, was sie finden können. Alle Wege dieser Welt wie beispielsweise Alkohol. Gleichzeitig spüren sie noch eine lange Zeit danach, dass sie das nicht wirklich befriedigt.

David: „Nach einer kürzlich durchgeführten Meinungsumfrage wollen 98 Prozent der Bürger in unserem Land von einem Geistlichen beerdigt werden. Betrachtet man die Gemeinden, so ist dieser Prozentsatz weit entfernt von denen, die ihm früher begegnen wollen. Es erscheint Geistlichen wie mir merkwürdig, dass rund 90 Prozent sich während ihres Lebens lieber von uns fernhalten, während sie sich wünschen, von uns beerdigt zu werden. Was sagen Sie dazu?"

Mr. Wakefield: „Bei allem Respekt bin ich der erste, der Menschen begegnet, die einen Angehörigen verloren habe. Und als Christ halte ich es für das Wichtigste, sie an jemanden zu verweisen, der ihnen das Wort Gottes weitergeben kann. Als evangelikaler Christ weiß ich, dass ich ihnen von unserem Herrn erzählen sollte, was ich auch tue, wenn sich die Gelegenheit dazu ergibt. Gleichzeitig ist mir bewusst, dass auch die Geistlichen verfügbar sind. Wenn es sich bei den Angehörigen um Mitglieder der Anglikanischen Kirche handelt, kontaktiere ich so schnell wie möglich den zuständigen Pfarrer und informiere ihn, wann diese Personen Zeit haben. Dann wage ich es, ihnen zu sagen, dass der Pfarrer sie besuchen wird. Wenn die Angehörigen Baptisten sind, stehen sie natürlich normalerweise mit ihrem eigenen Pastor in Verbindung. Meistens habe ich jedoch mit Menschen zu tun, die keine Beziehungen zu irgendeiner kirchlichen Organisation oder irgendeinem Geistlichen haben."

David: „Aber Sie leisten auch selbst ein wenig Nacharbeit, nicht wahr?"

Mr. Wakefield: „Ja, das tue ich. Ich schicke ihnen nach der Beerdigung eine Trauerkarte mit einem Bibelvers. Denn ich erzähle den Menschen immer, dass ich durch das Wort Gottes zum Herrn gekommen bin, und ich glaube an die Bibel. Ich bin überzeugt: Wenn ich einer anderen Person das Wort Gottes weitergebe, kann sie ebenfalls so zum Glauben kommen wie ich."

David: „Als Bestatter müssen Sie sich dem Tod sehr direkt stellen, sowohl bevor Sie Christ geworden sind, als auch danach. Was war Ihre erste Reaktion? Sind Sie zurückgeschreckt oder haben Sie sich verhärtet?"

Mr. Wakefield: „Ich glaube nicht, dass ich hart geworden bin. Zweifellos behandle ich den Tod mit Respekt. Ich weiß, dass die Bibel ihn als einen Feind beschreibt, und ich behandle ihn mit Respekt. Im Alten Testament opferten sie ein Kalb und streuten seine Asche auf das Wasser. Durch die Besprengung mit diesem Wasser wurden sie gereinigt, wenn sie mit dem Tod in Berührung gekommen waren. Heutzutage glaube ich jedoch, dass unser Herr Jesus Christus, in dessen Gegenwart ich lebe, mich reinigt und vor allen schädlichen Auswirkungen bewahrt."

David: „Fällt es Ihnen leicht, an ein Leben nach dem Tod zu glauben?"

Mr. Wakefield: „Als ich Christ wurde, lehrte man mich, an Gottes Wort zu glauben. Ich werde immer wieder an das Leben nach dem Tod erinnert, denn bei fast jeder zweiten Beerdigung, zu der ich gehe, wird 1. Korinther 15 gelesen. Falls jemand wissen möchte, worum es da geht, möge er es sich durchlesen. Der Herr selbst sagt, dass es ein Leben nach dem Tod gibt – genauso wie Paulus."

David: „Zu guter Letzt: Was würden Sie denen sagen, die sich weigern, sich dem Thema Tod zu stellen und über die Zukunft nachzudenken? Gibt es etwas, was Sie diesen Menschen weitergeben möchten?"

Mr. Wakefield: „Es ist mir ständig bewusst, dass Menschen, ob sie nun jung oder alt sein mögen, nicht wissen, wann ihre Zeit hier auf der Erde zu Ende geht. Meiner Ansicht nach beschäftigen sie sich nicht genug mit dem ewigen Leben, obwohl sie es tun sollten; wer sich darum nicht kümmert, sollte es tun; die Menschen sollten unserem Herrn Jesus Christus nahe sein und ihn als ihren persönlichen Retter und Freund kennenlernen. Nicht nur als eine Art ‚Lebensversicherung' – denn wenn sie an Christus glauben und ihn kennen, dann haben sie auch jemanden, auf den sie ihren Glauben gründen und dem sie vertrauen können; sie können mit beiden Beinen auf dem Felsen stehen; schon jetzt, in den Missständen und Turbulenzen dieses Lebens, nicht erst im Leben nach dem Tod."

David: „Herzlichen Dank, Mr. Wakefield. In Ihrem Beruf müssen Sie die meiste Zeit ernst sein, was Bestattern den Ruf eingebracht hat, schwermütig zu sein. Es war mir eine große Freude, Sie kennenzulernen und in Ihnen die Freude am Herrn zu entdecken."

Mr. Wakefield: „Ich würde jetzt am Ende noch gerne vorlesen, was auf der Trauerkarte steht, die ich regelmäßig verschicke."

David: „Tun Sie das bitte. Das wird unsere Zuhörer sehr interessieren."

Mr. Wakefield: „Ich muss erst meine Brille aufsetzen."

David: „Wie lange nach der Beerdigung verschicken Sie diese Karte?"

Mr. Wakefield: „So schnell ich kann."

David: „Bitte lesen Sie uns vor, was darauf steht."

Mr. Wakefield: „Die Verse stammen aus Römer 8,38–39 (LUT): ‚Denn ich bin gewiss, dass weder Tod noch Leben, weder Engel noch Mächte noch Gewalten, weder Gegenwärtiges noch Zukünftiges, weder Hohes noch Tiefes noch irgendeine andere Kreatur uns scheiden kann von der Liebe Gottes, die in Christus Jesus ist, unserm Herrn.' Das steht auf der Karte."

David: „Vielen Dank, dass Sie gekommen sind. Es war wunderbar, Sie hier bei uns zu haben."

....

Das Gericht

Im Hebräer 9,27 lesen wir: „Jeder Mensch muss einmal sterben und kommt danach vor Gottes Gericht." Es gibt zwei Termine, die jeder Mann und jede Frau auf dieser Erde hat. Beide können nicht in einen Kalender eingetragen werden, weil man ihr Datum nicht kennt. Der erste Termin ist unser Todestag. So wunderbar es auch wäre, ihn eintragen und sich darauf vorbereiten zu können, vielen von uns ist das nicht möglich. Vielleicht ist es die gnädige Vorsehung Gottes, die uns befähigt, in dieser Unsicherheit zu leben. Das Datum des anderen Termins, den wir haben, ist uns genauso unbekannt, doch er wird ganz sicher stattfinden – und danach kommt der Richterspruch.

Jeder weiß, dass der erste Termin auf uns zukommt. Doch wenn wir es dabei belassen und nur ihn bedenken, dann wird unsere Reaktion darin bestehen, uns auszuleben. „Esst, trinkt und seid fröhlich, denn morgen sterben wir." Wenn das unser einziger Termin in der Zukunft ist, dann wollen wir das Beste aus dem Hier und Jetzt herausholen – die Puppen tanzen lassen, solange wir können. Genau das tun viele Menschen. Wie schon gesagt, hat eine Meinungsumfrage unter Oberstufenschülern in Surrey ergeben, dass mehr als die Hälfte von ihnen nicht glaubte, die Lebensmitte oder das Alter überhaupt zu erreichen; dass die Welt schon vorher untergehen würde. Daher legten sie alles darauf an, sich jetzt schon auszutoben. Falls Sie wissen möchten, was der Grund für das verrückte Verhalten von jungen Leuten ist – genau das ist er.

Betrachten Sie jedoch den zweiten Termin, der auf den ersten folgt, fernab von jeglicher Feierei, dann ist das ernüchternd. Das Thema dieses Kapitels ist das Gericht, kein sehr schönes Thema; es ist weder besonders tröstlich noch aus einer bestimmten Perspektive besonders hilfreich. Die große Versuchung beim Thema „Leben nach dem Tod" besteht darin, sich auf die positive Seite zu stürzen. Es wäre viel netter von mir, Ihnen sechs Kapitel über den Himmel zu präsentieren, was ich hätte tun können und sehr gerne getan hätte. Doch das wäre nicht die ganze Wahrheit.

Der Himmel wird uns noch wunderschöner erscheinen, wenn wir ihn im letzten Kapitel behandeln, nachdem wir uns den Tatsachen gestellt haben, die zuerst kommen.

Einleitend möchte ich zwei Dinge sagen. Erstens, das Gericht ist für unser Leben unverzichtbar. Es ist absolut notwendig, dass in der Zukunft Dinge in Ordnung gebracht werden, dass es Kompensation gibt und Rechenschaft abgelegt wird. Warum sollte das notwendig sein? Aus zwei Gründen. Erstens, weil das Leben ungerecht ist; in dieser Welt haben viele schlechte Menschen Erfolg, während viele gute Menschen leiden, das ist eine Tatsache. Das Leben selbst verlangt, dass Dinge in eine gewisse Ordnung gebracht werden, dass sie ins Gleichgewicht kommen, geradegezogen und wiedergutgemacht werden. Dieses Leben an sich ist ungerecht. Es ist weder fair noch ausgewogen. Man braucht nur die Fakten über leidende Kinder auf dieser Welt zu untersuchen, um zu erkennen, dass die Ungerechtigkeit des Lebens nach Gerechtigkeit verlangt. Es wäre nicht richtig, dass Napoleon, der heilige Damian de Veuster, König Herodes und Johannes der Täufer, Isebel und Maria, sowie Hitler und Albert Schweitzer dasselbe Schicksal teilen. Unser Instinkt verlangt, dass irgendwann nach dem Tod alle Ungerechtigkeiten in Ordnung gebracht werden.

Es gibt einen weiteren Grund, warum das Gericht notwendig ist: die Gerechtigkeit Gottes; nicht nur die Ungerechtigkeit des Lebens, sondern auch die Gerechtigkeit Gottes verlangt es. Wenn Gott gut ist, dann muss er die Dinge in Ordnung bringen. Wagen wir zu behaupten, dass Gott gerecht ist, dann muss nach dem Tod seine Gerechtigkeit zum Ausdruck kommen, weil das Leben hier ungerecht ist. Ist er tatsächlich gut und gäbe es künftig kein Gericht, so könnte ich nicht an einen guten Gott glauben. Zu Menschen, die mich fragen: „Wie kannst du von mir erwarten, an einen guten Gott zu glauben, wenn diese Welt so aussieht?", muss ich sagen: „Wenn es kein Gericht gibt, dann könnte ich es nicht." Beschränken wir unsere Sicht auf dieses Leben, könnten wir nicht an einen fairen Gott glauben, doch die Bibel weist immer wieder darauf hin, dass eines Tages in der Zukunft der Mensch genau das ernten wird, was er gesät hat, denn Gott lässt sich nicht verspotten.

Der zweite wichtige Punkt meiner Einleitung ist folgender: Nicht nur das Gericht ist notwendig, sondern auch ein Tag des Gerichts. Warum? Warum könnte Gott nicht jeden von uns an unserem Todestag richten? Warum muss er sich alles für diesen einen großen Tag aufsparen, an dem er die Welt richten wird? Natürlich haben Christen noch nie daran geglaubt, dass wir vor dem Richterstuhl Gottes erscheinen müssen, sobald wird sterben. Es gibt eine Wartezeit bis zur Auferstehung, und dann erst kommt der Tag des Gerichts. Warum ein Tag? Die Antwort ist sehr einfach: Gerechtigkeit muss öffentlich ausgeübt werden.

Falls Sie schon einmal an einer Gerichtsverhandlung teilgenommen haben, was ich sehr hoffe – schließlich haben Sie ein Recht darauf und Sie sollten dieses Recht auch nutzen –, dann wissen Sie, dass Sie in aller Freiheit auf der Zuschauertribüne sitzen durften. Warum? Weil es eine tiefverwurzelte Überzeugung im britischen Rechtssystem gibt, dass die Rechtsprechung öffentlich sein muss, dass man richtigerweise in der Lage sein muss, sie zu beobachten, dass alle sie bezeugen können sollten. Urteile dürfen nicht heimlich und im Verborgenen gefällt werden. Wie schmerzhaft und schwierig diese Öffentlichkeit für die unmittelbar Betroffenen auch sein mag, ich würde es nicht befürworten, die Zuschauertribünen in unseren Gerichten abzuschaffen. Denn schließlich sind es totalitäre Regime, die Angst davor haben, den Menschen zu zeigen, was vor Gericht passiert, da sie sonst erkennen würden, dass gerade keine Gerechtigkeit geübt wird.

Rechtsprechung muss öffentlich erfolgen und gesehen werden, um gerecht zu sein. Daher macht die Bibel sehr deutlich, dass Gottes Gericht vor aller Augen stattfinden wird. Warum? Aus drei Gründen: Erstens, Gott muss rehabilitiert werden. Jeder muss erkennen, dass Gott gerecht ist. Im Moment sehen das viele Menschen gerade nicht. Sie sagen: „Gott ist ungerecht, er ist unfair. Warum tut er dies? Warum erlaubt er jenes?" Es muss einen Tag geben, an dem alle Gott anschauen und sagen: „Er ist fair, er ist gerecht." Er muss rehabilitiert werden. Christus muss öffentlich rehabilitiert werden. Das letzte Mal, als die Welt Christus vor Gericht sah, wurde er wie ein Verbrecher verurteilt. Es muss einen Tag geben, an dem Christus öffentlich als gerecht und fair zu sehen ist.

Auch Christen müssen rehabilitiert werden. Die Welt ist ihnen gegenüber sehr unfair. Es hat in den letzten zweitausend Jahren keine zehn Jahre gegeben, in denen Christen nicht zu Märtyrern wurden, weil sie zu Jesus gehörten. Christen müssen rehabilitiert werden. Es muss ein Tag kommen, an dem sie in aller Öffentlichkeit als Gottes Volk sichtbar werden. Auch darum wurde die Tatsache dieses Gerichtstages in die Bibel aufgenommen. Sie können die Bibel nicht lesen, ohne auf ihn zu stoßen. Er kommt sowohl bei den Propheten des Alten Testaments vor, als auch in den Briefen des Neuen Testaments. Vor allem taucht er in fast jeder Geschichte auf, die unser Herr erzählt hat.

Wenn Sie die Gleichnisse Jesu studieren, diese erstaunlichen Geschichten, die so tiefe Wahrheiten enthalten, dass Sie sie Ihr ganzes Leben lang erforschen könnten, ohne sie jemals auszuschöpfen, dann führen sie immer wieder auf einen bestimmten Tag hin. Der Weizen und das Unkraut wachsen zusammen auf, bis der Tag kommt, an dem sie voneinander getrennt werden. Die klugen und die törichten Jungfrauen sind beieinander, bis ein Tag, ein Moment kommt, an dem sie separiert werden. Die guten und die schlechten Fische, die ins Fischernetz gegangen sind, werden gemeinsam gefangen, bis zu dem Tag, an dem sie sortiert und auseinandergehalten werden. So viele Geschichten Jesu enden mit dem Tag, an dem die Sichel in der Ernte zum Einsatz kommt, an dem eine Krise ausbricht, die das trennt, was zuvor zusammen war.

Betrachten wir nun diesen Tag des Gerichts als einen Prozess in einem Gerichtssaal. So sollen wir ihn laut der Bibel verstehen. Erstens, schauen wir uns den Richter an. Wer sitzt dort heute auf der Richterbank? Da ich hin und wieder schon bei Gericht war, ist mir aufgefallen, dass die Identität des Richters so oft ein entscheidender Faktor ist. Wer sind heute die Rechtssprechenden? Richter oder Richterin soundso – er ist etwas streng oder sie ist etwas weich, so sagt man. Wer ist es heute? Das ist eine wichtige Frage. Wer wird über mich zu Gericht sitzen? Wer wird diesen Fall entscheiden? Die offensichtliche Antwort lautet Gott Vater, doch das wäre falsch, denn für diesen großen Tag hat der Vater die Verantwortung der Rechtsprechung auf jemand anderen übertragen. Das lehrt die Bibel, d.h. er hat sie an einen Menschen delegiert, an einen Mann. Ein Mann wird die Menschheit richten: jemand, der weiß, wie es ist, Mensch zu sein; jemand, der alle Zwänge und Probleme eines Menschenlebens kennt. Sein Name ist Jesus.

Hören wir Paulus bei seiner Predigt in Athen zu, dem Zentrum der intellektuellen Welt der damaligen Zeit: „Gott hat einen Tag festgesetzt, an dem er die Welt durch einen Menschen richten wird: Jesus Christus" (siehe Apostelgeschichte 17,31). Jesus ist immer noch ein Mensch. Das dürfen wir nicht vergessen. Er wurde nicht nur für 33 Jahre zum Menschen, sondern für immer. Wenn er an diesem Tag auf dem Richterstuhl erscheinen wird, dann tut er es als Mensch, da er ein Mensch ist. Ein Mensch wird die Menschheit richten. Ich finde es sehr faszinierend und ehrfurchtgebietend, dass an diesem Tag Jesus auf dem Richterstuhl Pontius Pilatus auf der Anklagebank gegenübersitzen wird. Die Menschen, die Jesus zu allen Zeiten beurteilt und erklärt haben, was sie von ihm hielten, werden erkennen, dass die entscheidende Frage nun darin besteht, was er über sie sagt und denkt – eine Umkehr der Situation, die wir in den Evangelien vorfinden.

Wer sind nun die Gefangenen, die dem Richter vorgeführt werden? Die Antwort lautet: Alle Menschen, die je gelebt haben, von den Großen bis zu den Kleinen, Könige und Sklaven, Tote und Lebendige, auch die Menschen, die im Meer ertrunken sind. Das wird uns in der Bibel deutlich gesagt. Wer in der Erde begraben wurde, wird dort sein. Alle werden dort sein. Hier kommt ein sehr wichtiger Punkt. Jeder Mensch wird ein persönliches Urteil empfangen. Vermutlich wäre es tröstlicher für manche, wenn man uns in Blöcke oder nach Nationen einteilen würde, doch die Bibel lässt keinen Zweifel an einem persönlichen Prozess. Fragen Sie mich nicht, wie Gott das bewerkstelligen kann. Ich kann nicht erklären, wie Gott an einem Tag des Gerichts eine Verhandlung für jeden einzelnen durchführen wird. Nachdem ich schon Stunden im Gericht auf den Prozess einer bestimmten Person gewartet habe, habe ich keine Ahnung, wie er das machen wird. Allerdings weiß ich auch nicht, wie er die Anzahl der Haare auf meinem Kopf kennen kann. Aber eines weiß ich: Er ist Gott.

Er wird es schaffen und sich dabei ganz sicher den Fall jedes einzelnen vornehmen. Alles andere wäre ungerecht. In der Schulzeit wussten wir es instinktiv: Wenn der Direktor oder der Klassenlehrer uns alle für das nachsitzen ließ, was ein Junge getan hatte, dann war das ungerecht, einfach unfair. Genauso ungerecht wäre es, wenn Gott dasselbe täte. Darum sagt uns die Bibel schlicht und einfach, dass jeder von uns sich nur für sich selbst verantworten muss. Sie werden keine Rechenschaft für eine andere Person ablegen müssen, sondern nur für sich selbst. Gott wird sich ganz direkt um jeden einzelnen persönlich kümmern. Wir werden nur für unser eigenes Leben geradestehen müssen. Daher sollten wir uns über unser eigenes Verhalten mehr Sorgen machen als über das der anderen.

Der dritte Punkt: Welche Beweise wird man vorlegen? Als Erstes sollten wir festhalten, dass der Beweis des äußeren Anscheins an diesem Tag wertlos sein wird. Leider beurteilen wir uns alle gegenseitig nach unserem Äußeren. Das müssen wir auch, denn wir können nur diesen Teil sehen. Wir beurteilen andere nach dem, was sichtbar ist. Doch die Bibel sagt uns, dass der Herr nicht die äußere Erscheinung ansieht, sondern das Herz. Er wird sich mit unserem Inneren und nicht mit unserem Äußeren beschäftigen.

Wir erfahren auch, dass unser Bekenntnis, das, was wir sagen, nicht zählen wird. „Es werden nicht alle, die zu mir sagen: Herr, Herr!, in das Himmelreich kommen" (Matthäus 7,21; LUT), erklärte Jesus. „Nicht alle." Es geht nicht darum, was wir sagen. Sie mögen Kirchenlieder gesungen und gebetet haben. Unser Bekenntnis, das, was wir sagen, wird Gott nicht als Beweis gelten lassen. Auch das Zeugnis anderer Menschen wird er nicht berücksichtigen. Es wird keine Zeugen der Verteidigung geben, da Gott alles weiß, was man wissen muss. Wir werden nicht sagen können: „Bitte hör dir doch an, was meine Nachbarin sagt. Ich habe ihr ziemlich viel geholfen, daher wird sie ein gutes Wort für mich einlegen." Gott kennt alle Beweise in- und auswendig. Es wird keine Zeugenaussagen geben. Auch Spitzfindigkeiten über Verfahrensfragen werden nicht vorkommen, da wir es mit einem vollkommenen Gesetz zu tun haben. Weder Gesetzeslücken noch Haarspalterei können die Lage entspannen.

Welche Beweismittel werden nun zugelassen? Wir erfahren, dass Bücher geöffnet werden. Was wird in ihnen stehen? Die Antwort ist sehr einfach. Die Werke, die wir in unserem Körper getan haben, sind hier relevant. Nun will ich Ihnen dieses Wort „Werke" erklären. Es bezeichnet nicht nur unsere guten Werke, sondern alles, was wir als Ausdruck unseres wahren Charakters getan, gesagt und empfunden haben; nicht nur, wenn wir im Dienst waren oder andere es sehen konnten. Alles, was wir gesagt, gedacht und getan haben und unserer wahren Identität Ausdruck verlieh.

Daher gehört es meiner Ansicht nach zu den furchterregendsten Aussagen Jesu, dass wir für jedes unnütze Wort Rechenschaft ablegen müssen. Damit meinte er diese gelegentlichen Versprecher, die uns herausrutschten und offenbarten, wie wir wirklich sind. Diese Beweise werden berücksichtigt: Alles, was unseren wahren Charakter zeigt. Es wird in Büchern festgehalten. Wie unser Herr gesagt hat, werden viele heimliche Dinge ans Licht kommen. Was im Schlafzimmer gesagt und getan worden ist, wird von den Hausdächern verkündet werden. Dinge, die andere nicht über uns wussten, werden an diesem Tag als Beweismittel offenbart.

Jetzt zur vierten Frage: Nach welchem Standard werden diese Beweise beurteilt? Wann besteht man diese Prüfung? Als Militärgeistlicher der Royal Air Force hatte ich immer viel Spaß mit den jungen Rekruten, d.h. den Männern, die vor einem Geistlichen erscheinen mussten, bevor sie ihre Ausbildung beginnen konnten. Jedes Mal fragte ich, wie viele Methodisten unter ihnen waren, wie viele Baptisten und so weiter. Sie meldeten sich, und dann fragte ich: „Und wie viele Christen haben wir hier?" Unschlüssig sahen sie mich an. Manchen von ihnen schauten sich um, ob jemand anderes die Hand heben würde.

Ab und zu meldete sich jemand, und aus seinem Blick konnte ich schließen, dass er wusste, was ich damit meinte. Doch meistens fragten die anderen: „Was meinen Sie mit dem Begriff Christ?" Ich fragte zurück: „Wer ist denn, Ihrer Meinung nach, Christ?". Sie antworteten: „Jemand, der die Zehn Gebote hält." Es ist erstaunlich, wie oft diese Antwort kam, daher entgegnete ich: „Gut, ein Christ ist jemand, der die Zehn Gebote hält. Wie viele Christen sind dann hier?", und wieder zögerten sie. „Aber niemand kann sie alle halten, Pater." „Einverstanden. Was ist nun die Mindestanzahl? Wie viele muss man halten?" Fast immer einigten sie sich nach einer längeren Diskussion auf sechs von zehn. Dann sagte ich: „Gut, ein Christ ist jemand, der sechs der Zehn Gebote hält. Wie viele Christen haben wir hier?"

Was ist die Mindestanzahl? Wie hoch ist die Anforderung? Die Antwort ist sehr einfach, doch viele Menschen scheinen an diesem Punkt nicht weiter zu wissen. Es ist einfach nicht nötig, so zu denken. Die Antwort lautet: Der offenbarte Wille Gottes ist der gültige Standard. Um einen Schritt weiterzugehen: Wir werden alle danach beurteilt, wie viel vom offenbarten Willen Gottes wir kannten – nicht mehr und nicht weniger. Ganz offensichtlich wäre es höchst unfair von Gott, jemanden anhand dessen zu richten, was er nicht wusste. Wir haben eine biblische Zusicherung, die schwarz auf weiß in Römer 2 zu finden ist, dass so etwas niemals geschehen wird. Wir erfahren dort, dass jeder nach dem Ausmaß der Erleuchtung beurteilt werden wird, die er empfangen hat. Das ist absolut gerecht.

Betrachten wir nun kurz die drei wichtigsten Menschengruppen in diesem Zusammenhang, um eine klare Sicht zu bekommen. Erstens, die Menschen, die von Jesus Christus gehört haben und die christlichen Standards kennen, werden anhand dieser Standards von Jesus Christus gerichtet werden. So viele Menschen fragen mich: „Aber was ist mit denen, die das Evangelium noch nie gehört haben?" Meine Antwort lautet: „Du hast es gehört, und du bist derjenige, der Rechenschaft ablegen muss." Die anderen können Sie Gott überlassen. Wenn Sie die gute Nachricht gehört haben, werden Sie danach beurteilt. Sie werden nicht auf dieselbe Art gerichtet wie die anderen, doch wenn Sie von Jesus erfahren haben und wissen, dass er gestorben ist, um Sie zu retten; wenn Sie wissen, dass er möchte, dass Sie sein Jünger werden und Sie das abgelehnt haben, werden Sie danach beurteilt – hierbei geht als also um das sogenannte institutionalisierte Christentum.

Ich würde England in diese Kategorie miteinschließen – und die Mehrheit der Menschen in diesem Land, die sich immer noch dafür interessieren, von einem Geistlichen beerdigt zu werden. Die meisten hier lebenden Menschen scheinen zumindest noch ein wenig Grundwissen über das Christentum zu besitzen. Zehn Jahre lang wurden sie darüber in der Schule unterrichtet. Ich weiß, dass Gott berücksichtigen wird, wie dieser Religionsunterricht aussah, doch sie haben ihn gehabt. Sie haben von Jesus gehört, und fast an jeder Straßenecke gibt es eine Gemeinde. Danach werden wir beurteilt. „Wie viel weniger werden wir der Strafe entkommen, wenn wir Gottes unvergleichliches Rettungsangebot ausschlagen!" (Hebräer 2,3)

Dann gibt es noch die Juden, die das nicht hatten, was uns zur Verfügung stand. Doch wir erfahren, dass die Menschen, die die Zehn Gebote kannten, auch nach diesem Standard gerichtet werden. Jeder Jude kennt sie. Schließlich kommen wir zur heidnischen Welt, und Menschen fragen: „Was ist nun mit denen?" Die Antwort lautet, dass viele von ihnen weder das Evangelium Jesu Christi und noch nicht einmal die Zehn Gebote gehört haben. Doch sie haben zwei Dinge von Gott empfangen, durch die er sich ihnen offenbart hat. Erstens, die Schöpfung: Das, was Gott erschaffen hat, reicht aus, um ihnen zu zeigen, dass es eine Macht gibt, die größer ist als sie selbst, der sie sich beugen sollten. Zweitens, sie alle haben ein Gewissen. Dabei handelt es sich um Gottes Offenbarung in ihrem Innern, sodass sie zumindest einen gewissen Unterschied zwischen richtig und falsch erkennen können. Sie werden nach der Erleuchtung beurteilt, die sie durch die Schöpfung in ihrem Umfeld und durch ihr Gewissen in ihrem Inneren empfangen haben. Es gibt keinen Menschen auf dieser Erde, der nicht ein irgendwie geartetes Gewissen besitzt. An diesem Maßstab wird er gemessen werden. Gott wird daher prüfen, ob wir während unseres Lebens in der richtigen Beziehung zu ihm und zueinander gestanden sind – gemessen an der Erkenntnis, die wir hatten.

Das ist nun eine gerechte, faire und klare Sache, doch offen gesagt beunruhigt sie mich zutiefst, da ich noch nie einem Mann begegnet bin, der mir in die Augen schauen konnte, wie unwissend er über das Christsein auch gewesen sein mag, und mir sagen konnte: „Ich bin immer der Erkenntnis gerecht geworden, die ich besaß. Ich bin meinem Gewissen gefolgt. Ich habe immer sofort positiv auf die Wahrheit reagiert, sobald ich sie erkannte."

Das Gericht

Kein Mann und keine Frau sind dazu in der Lage. Daher ist die Schlussfolgerung von Paulus richtig: Gott wird uns gemäß unserer Erkenntnis richten, und nach diesem Maßstab stehen wir alle schuldig vor ihm. So einfach und klar ist das.

Das ist der Grund, warum wir Missionare nach Übersee schicken sollten. Wären die dortigen Menschen Gott gegenüber unschuldig, so würden sie durch die Verkündigung des Evangeliums verdammt. Viele würden in der Hölle landen, die eigentlich nicht dorthin unterwegs waren, weil diese Mission sie schuldig machen würde, das Licht abgelehnt zu haben. Allerdings stellt die Bibel fest, dass sie Licht im Sinne von Erkenntnis besitzen und dieses bereits verworfen haben. Daher brauchen sie ganz dringend die Vergebung durch Jesus Christus. Das ist das Herzstück der Missionsarbeit und der Evangelisation. Darum predigen wir Jesus. Theoretisch wird Gott am Tag des Gerichts einen Menschen annehmen, der der Erleuchtung gerecht geworden ist, die er empfangen hat. Doch in der Praxis wird das niemand von uns schaffen. Und dafür können wir auch nicht unsere Erbanlagen oder unsere Umwelt verantwortlich machen. Wir alle müssen zugeben, dass wir zumindest zu einem gewissen Grad dafür verantwortlich sind, wie wir uns entwickelt haben. Niemand von uns ist zu dem Mann oder der Frau geworden, die wir hätten sein können, wenn wir das vollkommen umgesetzt hätten, was wir für richtig hielten.

Daher sind wir alle schuldig. Wie Belsazar werden wir abgewogen und für zu leicht befunden. Doch die Bibel berichtet uns, dass eine große Anzahl von Menschen freigesprochen werden muss. Sie geht sogar noch weiter und sagt, dass viele Menschen nicht einmal auf die Anklagebank kommen werden, sondern stattdessen auf der Richterbank sitzen und dem Richter helfen werden. Nun kommen wir meiner Ansicht nach zur außergewöhnlichsten Aussage der Bibel, dass nämlich eine große Menschenmenge mit Jesus gemeinsam auf der Richterbank sitzen wird, um die Welt zu richten. Diese Menschen dürfen nicht verurteilt, sondern müssen freigesprochen werden, oder, um es in der Sprache des römischen Rechts zu sagen, sie müssen gerechtfertigt werden.

Wie kann das geschehen? Die Antwort lautet, dass ein weiteres Buch geöffnet wird. Die Bücher, die ich bereits erwähnt habe, sind die Aufzeichnungen über unseren wahren Charakter, wie er sich in Gedanken, Worten und Werken gezeigt hat. Doch es gibt ein weiteres Buch, das an diesem Tag geöffnet werden muss. Es wird das Buch des Lebens genannt. Dieses Buch gehört Jesus, und nur er kann dort hineinschreiben. Es enthält die Namen vieler Menschen, einschließlich Ihres Namens, so hoffe ich. Falls Ihr Name nicht darinsteht, haben Sie sich das selbst zuzuschreiben.

Es ist das Buch der Menschen, die darum gebeten haben, dass ihr Fall früher verhandelt wird. In diesem Buch stehen die Menschen, die Gott bewusst aufgefordert haben, nicht bis zum Tag des Gerichts zu warten, um die Sünde zu bestrafen, sondern das Ganze gleich abzuhandeln, ihren Fall also vorzuziehen. Sie haben das nicht in der Hoffnung getan, freigesprochen zu werden, weil ihre guten Taten die schlechten überwiegen würden; sie meinen auch nicht, sie könnten die Mindestanforderungen gerade noch erfüllen. Vielmehr wissen sie, dass Jesus Christus gestorben ist, damit wir freigesprochen, d.h. gerechtfertigt werden und uns ohne Gegenleistung vergeben werden kann. Genau darum geht es beim Kreuz Christi. Das ist sein Herzstück.

Gott will uns nicht bestrafen, daher hat er auch keine Freude daran, es Menschen heimzuzahlen. Gott freut sich keinesfalls am Tod einer gottlosen Person. Gott ist ein Gott der Liebe, der Gnade und auch der Gerechtigkeit. Er sehnt sich danach, den Fall eines Menschen vorzuziehen und ihn freizusprechen. Er will es unbedingt, doch täte er das ohne das Kreuz, wäre er kein gerechter Gott. Würde er unsere Sünden einfach übersehen, vor ihnen die Augen verschließen und sagen: „Naja, so sind die Menschen halt. Wir werden vergeben und vergessen", dann könnte ich niemals behaupten, dass er gut ist. Ich könnte ihn als nett bezeichnen, doch keinesfalls als gut. Er musste einen Weg finden, auf dem Gerechtigkeit und Gnade gemeinsam zufriedengestellt werden konnten, und er fand ihn im Kreuz. Darum kann er Ihren Fall jetzt schon verhandeln. Sie können dafür plädieren, dass alle Sünden, die Sie je begangen haben, und alle, die Sie noch tun werden, bereits jetzt berücksichtigt und bestraft werden. Sobald Sie von einem Gericht freigesprochen werden, nachdem alle Ihre Taten in Betracht gezogen und freiwillig bekannt worden sind, können Sie nie wieder für dieselbe Rechtsverletzung belangt werden.

Das ist das Evangelium. Das ist die gute Nachricht für die Menschen, die Folgendes wissen: Wenn dieser Tag kommt, an dem sie unverhüllt vor Gott stehen und an dem alles, was sie von ihrem wahren Charakter während ihres Lebens gezeigt haben, ans Licht kommen wird, dann haben sie eigentlich überhaupt keine Chance, freigesprochen zu werden. Und dennoch werden sie demütig sagen können: „Gott, um Jesu Christi willen, machst du mir bitte jetzt den Prozess? Bitte berücksichtige alles, was ich je getan habe. Da Jesus für mich gestorben ist, damit diese Dinge ihre gerechte Strafe empfangen, würdest du bitte anerkennen, dass durch seinen Tod deiner Gerechtigkeit genüge getan worden ist? Ich bitte dich um deine Gnade." Der Name aller, die dies tun, seien es Frauen, Männer oder Kinder, werden dann in ein anderes Buch hineingeschrieben – in das Buch des Lebens, das dem Lamm gehört. Dieses Buch wird an diesem großen Tag geöffnet werden.

Bedeutet es, dass Christen niemals gerichtet werden? Für die Verurteilung zu einer Strafe ist diese Annahme zutreffend. „Es gibt jetzt also kein Verdammungsurteil mehr für die, die ganz mit Jesus Christus verbunden sind" (Römer 8,1; NeÜ). Klarer geht es nicht, doch es gibt eine Art des Gerichts, wenn man es so bezeichnen will, für Christen. Dabei geht es um die Belohnung und nicht um die Strafe. Christus wird unseren Dienst für ihn überprüfen, uns jedoch nicht daran hindern, in den Himmel zu kommen – dieser Bestimmungsort ist uns sicher.

Vielmehr wird er diese Überprüfung vornehmen, um uns im Himmel zu belohnen. Unsere Position und unsere Verantwortung dort werden von unserer Treue abhängen, die wir seit unserer Bekehrung hier auf der Erde gezeigt haben. Diese Tatsache wird in mehreren Abschnitten des Neuen Testaments erwähnt. Daher ist ein Christ nicht jemand, der die Straße entlangtanzt und ausruft: „Ihr werdet alle zur Hölle fahren, ich aber nicht. Ihr werdet alle verurteilt werden. Ich nicht. Ich kann jetzt alles tun, was mir einfällt." Ein Christ ist so dankbar für den Freispruch, den er empfangen hat, und ihm ist so bewusst, dass sein Dienst noch geprüft und entsprechend belohnt werden wird, dass er seine Zeit in der Ehrfurcht vor Gott damit verbringt, ihm treu zu dienen.

Das sind also die Fakten zum Gericht, zum zweiten Termin, der jedem Menschen bevorsteht. Und ich habe Ihnen auch gezeigt, wie wir diesen Termin schon jetzt wahrnehmen können, wie er erledigt werden kann, sodass er uns nie wieder vorgehalten wird. „Und ich sah alle Toten vor dem Thron Gottes stehen: die Mächtigen und die Namenlosen", schreibt der Verfasser des letzten Buches der Bibel. „Nun wurden Bücher geöffnet. Über alle Menschen wurde das Urteil gesprochen, und zwar nach ihren Taten, wie sie darin beschrieben waren. Auch das Buch des Lebens wurde aufgeschlagen" (Offenbarung 20,12). Im nächsten Kapitel werden wir unsere Studien fortsetzen und diesen Ort betrachten, der Hölle genannt wird. Was bedeutet er wirklich? Schließlich werden sich im darauffolgenden Kapitel „die Wellen teilen und uns alle in den Himmel bringen", um ein wunderschönes Kirchenlied von Charles Wesley zu zitieren.

Kapitel 5

DIE HÖLLE

Das Thema dieses Kapitels ist die Hölle. Leserreaktionen auf dieses Wort können höchst unterschiedlich ausfallen. Für den britischen Arbeiter ist „Hölle" vermutlich nur ein Fluch, den er ausstößt, wenn er mit dem Hammer den falschen Nagel trifft. Menschen in Texas kommt beim Wort „Hölle" eine kleine Ölförderstadt selben Namens in den Sinn. Touristen besuchen sie sehr gerne, um eine Postkarte mit einer Briefmarke aus der Hölle verschicken zu können, nach dem Motto: „Wir verbringen gerade eine wunderbare Zeit in der Hölle." In British Colombia gibt es ein tiefes dunkles Tal, das „Hölle" genannt wird und in dem Menschen wohnen. Manche von ihnen haben sich nur für diesen Ort entschieden, weil sie den Namen so ausgefallen fanden.

Für die Angelsachsen, bei denen das Wort entstanden ist, bedeutete „Hölle" einfach nur einen verborgenen Ort. Der Begriff wurde beispielsweise für den Hohlraum unter dem Tisch eines Schneiders verwendet. Dorthin warf er alle Stoffreste, die er nicht benötigte – es war einfach ein versteckter Ort. Liebende bezeichneten mit diesem Wort einen heimlichen Treffpunkt, an dem sie unbeobachtet sein konnten. Das Wort „Hölle" im englischen Kontext beschrieb also einfach einen Platz, den man nicht sehen konnte, einen verborgenen oder dunklen Ort.

Wir beginnen also zu verstehen, wie die Verbindung zu bestimmten anderen Vorstellungen entstanden ist, doch für die westliche Welt hat das Wort „Hölle" vermutlich eine weitaus ernstere Bedeutung. Schließlich sind wir stark von Dantes und Miltons Poesie und durch die Gemälde Dürers beeinflusst worden. Wir haben ein bestimmtes Bild von der Hölle, das teilweise sehr wohl der Wahrheit entspricht, in anderen Bereichen jedoch nicht. Die menschliche Vorstellung hat gewisse Ausschmückungen vorgenommen.

In diesem Kapitel werde ich mich nicht mit menschlichen Ausschmückungen beschäftigen. Es geht mir weder um die Temperatur der Hölle noch um die Möblierung des Himmels. Witze über glühend-heißes Eis etc. interessieren mich nicht. Genau wie ich haben Sie solche Witze bestimmt in der Schule und am Arbeitsplatz gehört. Mir geht es um die Realität. Die Vorstellung, dass es im Jenseits einen guten Ort für gute Menschen und einen schlechten Ort für schlechte gibt, hat das menschliche Denken schon lange vor der Niederschrift des Neuen Testaments in ihren Bann gezogen.

In der Tiefe des menschlichen Seins gibt es eine instinktive Überzeugung, dass nach unserem Tod ein Unterschied zwischen den Guten und den Schlechten gemacht wird; dass uns künftig zwei Orte erwarten: einer davon voll ewigen Glücks, der andere voll endloser Qualen. Plato beispielsweise beschreibt diese beiden Orte mit unterschiedlichen Namen. Als „Elysium" bezeichnete er den glücklichen Ort; vielleicht haben Sie schon von den „Elysischen Gefilden" gehört. Den schrecklichen Ort benannte er mit dem Wort „Tartarus". Interessanterweise wird dieses Wort im griechischen Urtext des Neuen Testaments verwendet (siehe 2. Petrus 2,4), obwohl ursprünglich ein heidnischer Philosoph diesen Begriff geprägt hat. Das Neue Testament scheint daher eine Vorstellung zu bestätigen, die außerhalb der Bibel ihren Anfang nahm.

Ich werde die Hölle jetzt als einen Ort der bewussten Qual definieren, an dem die Gottlosen in alle Ewigkeit bestraft werden. „Ist es möglich und richtig, dass Christen heutzutage, im 21. Jahrhundert, von einer derart schrecklichen Vorstellung überzeugt sind?" Auch diese Frage werde ich stellen und mich ihr aus drei verschiedenen Perspektiven nähern. Erstens, aus intellektueller Sicht, wobei ich einige Argumente untersuchen werde, die Befürworter und Gegner vorbringen; dann werde ich sie aus biblischer Sicht angehen und fragen: „Was sagt die Bibel wirklich dazu?" Und schließlich, drittens, werde ich sie ganz praktisch betrachten, unter der Fragestellung: „Welchen Unterschied macht es für Ihr tägliches Leben, ob Sie daran glauben oder nicht?"

Wenden wir uns nun also der intellektuellen Perspektive zu. Zweifellos haben die meisten Menschen in unserer heutigen Gesellschaft den Glauben an die Hölle verworfen. Ich habe mit vielen über dieses Thema gesprochen und mir ist dabei recht deutlich geworden, dass die Mehrheit in England nicht mehr an dieses Konzept, wie ich es definiert habe, glaubt. Es gibt so viele Vorbehalte gegen diese Vorstellung, während man gleichzeitig Alternativkonzepte anbietet.

Vor nicht allzu langer Zeit habe ich ein altes Buch mit dem Titel „Is There a Hell?" (Gibt es eine Hölle?) in einem Laden für gebrauchte Bücher entdeckt. Es wurde 1913 herausgegeben und von zirka einem Dutzend protestantischer und katholischer Geistlicher verfasst. Von diesen rund 12 Personen gab es 1913 nur zwei, die an die Hölle glaubten, wie ich sie definiert habe – die Übrigen hatten Einwände. Wenn schon 1913 die Lage so aussah, hat sich diese Tendenz heute nur noch verstärkt. Ich erinnere mich an ein Treffen von Gemeindeleitern, die sich versammelt hatten, um dieses Thema zu besprechen. Sehr schnell fand ich heraus, dass von den anwesenden Geistlichen aller Kirchenströmungen nur der römisch-katholische Priester und ich immer noch glaubten, dass es einen Ort gibt, den man als „Hölle" bezeichnen kann.

Wenn die Geistlichen aufgehört haben, daran zu glauben, können wir wohl zu Recht vermuten, dass die meisten Menschen, zu denen sie predigen, dasselbe tun. Trifft diese Annahme auf Kirchenmitglieder zu, dann kann man an mit Sicherheit grenzender Wahrscheinlichkeit annehmen, dass es der großen

Mehrheit außerhalb der Kirchen und Gemeinden genauso geht. Was sind die Gründe für diese moderne Ablehnung der Hölle? Hier kommen sie. Ich werde Ihnen sechs Einwände vorstellen, die man gegen das Konzept der Hölle erhebt. Sie alle werden mit großer Aufrichtigkeit vertreten und sind sowohl äußerst leicht nachvollziehbar als auch sehr logisch.

Erstens, und hierbei geht es nicht um Logik, gibt es Menschen, die die Vorstellung von der Hölle aus sentimentalen Gründen ablehnen: Ihnen gefällt diese Idee einfach nicht, Punkt. Ich fürchte, ich kann diesen Punkt nicht wirklich ernstnehmen, denn Gefühlsduselei bringt unseren Glauben völlig durcheinander. Erlauben wir unseren Gefühlen zu bestimmen, was wir glauben, werden wir, offen gesagt, in einem Dschungel oder in einer Wüste enden und unsere Überzeugungen ständig ändern. Wenn ich sage, ich werde eine Sache nicht glauben, weil mir die Vorstellung an sich nicht gefällt, muss ich mein Denken vor vielen Tatsachen des Lebens verschließen. Viele Fakten unserer Realität sind unangenehm, und Gefühlsmenschen wollen sich ihnen nicht stellen. Dabei handelt es sich nicht um einen ernstzunehmenden Einwand, doch wahrscheinlich steht er hinter der Weigerung vieler Menschen, die Frage der Hölle sorgfältig zu untersuchen.

Kommen wir nur zu einem gewichtigeren Gegenargument: Der Vorstellung von der Hölle wird aus psychologischen Gründen widersprochen, da sie Ängste hervorruft. Angst sei eine ungesunde Motivation und sollte daher nicht verwendet werden. Daher muss das Konzept von der Hölle, das schon für sich genommen zwangsläufig Angst erzeugt, falsch sein – das ist der psychologische Einwand. Darauf kann man antworten, dass Angst tatsächlich etwas sehr Gesundes sein kann. Wird sie allerdings zu einer Phobie, so lähmt sie aktives Handeln. Doch Angst vor dem Verkehr, dem Feuer und vielen anderen Sachen ist ziemlich gesund, wenn sie zur richtigen Handlung führt. Wird sie allerdings zu einer Phobie, sodass Sie an nichts anderes mehr denken können, in Panik verfallen und vor Furcht gelähmt sind, dann ist sie ungesund. Das ist also der psychologische Einwand. Mehr als alles andere hat dieser Einwand Prediger schon davon abgehalten, das Thema Hölle zu behandeln – aus Angst, ihre Gemeinden durch eine solche Predigt in einen neurotischen oder psychotischen Zustand zu versetzen, statt sie dem Erlöser näherzubringen.

Drittens gibt es einen sozialen Einwand gegen das Konzept der Hölle, der folgendermaßen aussieht: Wir haben uns in unserer Gesellschaft von der Idee einer Bestrafung um ihrer selbst willen verabschiedet, die wir ausgleichende Gerechtigkeit nennen. Wir bestrafen nur zur Abschreckung oder aus erzieherischen Gründen, entweder um andere daran zu hindern, dasselbe Verbrechen zu begehen, oder um den Täter zu bessern. Ganz offensichtlich kann die Hölle keines dieser beiden Ziele erreichen. Daher fragen wir uns: Wenn wir aus soziologischen Erwägungen nicht an eine Bestrafung um ihrer selbst willen glauben, wie könnte Gott dann schlimmer sein, als wir es selbst sind?

Der vierte Einwand ist moralischer Natur. Er besagt, dass die Hölle nicht fair sei. Es sei doch sicher ungerecht, einen Menschen für ein paar Sünden während seines kurzen Lebens für alle Ewigkeit zu bestrafen. Die Strafe stünde daher in keinem Verhältnis zur Schwere des Vergehens und sei weder gerecht noch angemessen – das ist der moralische Einwand.

Fünftens gibt es ein philosophisches Gegenargument. Es lautet: Wenn es eine Hölle gibt, hat Gott versagt. Das Böse bestehe ewig und dem allmächtigen Gott sei es nicht gelungen, damit fertigzuwerden und es zu entfernen. Das Böse sei genauso ewig wie Gott selbst – das ist der philosophische Einwand.

Schließlich kommen wir zum theologischen Gegenargument, das folgendermaßen lautet: Wenn Gott ein Gott der Liebe ist, wie kann er dann irgendjemanden in die Hölle schicken? Es sei doch das genaue Gegenteil von Liebe, einem lebendigen Menschen so etwas anzutun. Dieses Argument ist vermutlich in der christlichen Gemeinde am weitesten verbreitet.

Ohne jetzt auf diese Angriffe bzw. diese Einwände einzugehen, die gegen die Hölle erhoben werden, möchte ich noch eine interessante Beobachtung hinzufügen. Fast jede Sekte und jeder Kult, die wir prüfen und mit denen wir fertigwerden müssen (viele sind im 19. Jahrhundert in Amerika entstanden und haben sich bei uns nicht verbreitet), greifen die Vorstellung von der Hölle an und lehnen sie ab. Die Zeugen Jehovas glauben genauso wenig daran wie die Christliche Wissenschaft oder die Spiritisten. Ich finde es sehr interessant, dass diese Sekten es nicht tun. Einer der Gründe für ihre Beliebtheit ist, dass sie ein Konzept über Bord geworfen haben, an das Christen seit zweitausend Jahren glauben.

Unter den heutigen Kirchen sind es wohl nur noch die Katholiken einerseits und die Evangelikalen andererseits, die an der traditionellen Definition der Hölle festhalten. Die meisten anderen dazwischen lehnen sie mittlerweile ab. Doch wenn die Hölle verworfen wird, was setzen Sie dann an ihre Stelle? Wenn auf der Welt Gerechtigkeit herrschen soll, muss es irgendeine Alternative geben, sonst wird das ganze Universum furchtbar ungerecht.

Mir sind drei Alternativen begegnet; die meisten anderen sind nur Abwandlungen dieser drei. Die erste Alternative wird vom Mann auf der Straße befürwortet, sie besagt, dass die Hölle aus selbstverursachtem Leid in diesem Leben besteht. Mit einfachen Worten: Sie machen sich selbst das Leben zur Hölle, Sie leben in ihrer eigenen Hölle, weil Sie diesen Zustand selbst herbeigeführt haben. Mit Gott hat das überhaupt nichts zu tun. Gott schickt niemanden in die Hölle, sondern Sie versetzen sich selbst dorthin und zwar in diesem Leben. Nach dem Tod muss man sich keiner Hölle stellen und auch keinem Gott, der einen dorthin verfrachten würde. Daher geschieht alles Leid hier durch Ihr eigenes Handeln. Und Sie können es auch selbst wieder beseitigen. Mir haben viele Menschen ganz offen gesagt: „Ich glaube an eine Hölle, doch es ist die Hölle, die man sich hier selbst schafft. Es ist die Konsequenz Ihres eigenen Verhaltens, dass Sie darin leben müssen." Der einzige große Haken an dieser Einstellung ist, dass viele Menschen diese Art der Hölle verdient hätten, jedoch nicht dort sind. Gleichzeitig befinden sich viele andere darin, die nichts getan haben, um sie zu verdienen. Das ist also die erste Alternative.

Die zweite Alternative, die ein Leben nach dem Tod akzeptiert, während die erste es nicht tut, besagt Folgendes: Irgendwann in ferner Zukunft wird Gott jeden Menschen retten. Diese Sicht wird wohl am häufigsten in den Kirchen gelehrt, die den traditionellen Ansatz verworfen haben. Diesen Glauben, dass Gott eines Tages alle zu sich ziehen wird, nennt man Universalismus. Er beinhaltet, dass Gott einen Weg finden wird, wenn nicht in diesem Leben, dann doch im nächsten, jede einzelne Person anzunehmen. Mein größtes Problem damit ist offengesagt der freie Wille des Menschen. Steht es dem Menschen frei, sich für oder gegen etwas zu entscheiden, dann hat Gott seine eigene Freiheit folglich eingeschränkt. Zwingt er nun jeden, in den Himmel zu kommen, dann behandelt er uns nicht als menschliche Wesen – das ist mein Problem. Doch darin besteht die zweite Alternative.

Die dritte Alternative, über die man immer ernsthafter nachdenkt, obwohl sie schon seit langer Zeit bekannt ist, nennt man „bedingte Unsterblichkeit" oder „Auslöschung". D.h. die Gottlosen werden ganz ausgelöscht, während nur die Gerechten ewig leben. Die Gottlosen hören vollständig auf zu existieren. Ab einem bestimmten Zeitpunkt nach dem Gericht werden die Guten weiterleben, während die Bösen sich für absolut immer auflösen.

Offen gesagt verringert das den Aspekt der Bestrafung in hohem Maße. Das Schlimmste, was eine gottlose Person zu befürchten hätte, wäre eine Standpauke vom Richter, bevor sie verschwindet. Ist das der Fall, so ist die Auslöschung überhaupt keine Strafe und wird von den meisten Menschen bevorzugt, das kann ich aus eigener Erfahrung bezeugen. Mir hat jemand sogar schon ins Gesicht gesagt: „Ich würde die Auslöschung dem Himmel vorziehen. Die Vorstellung, mit Gott und seinem Volk für immer zusammen zu sein, erschreckt mich zutiefst." Die Auslöschung wäre daher keine Strafe, wenn sie alles wäre, was es gibt.

Damit haben wir das Thema vom intellektuellen Standpunkt aus betrachtet, die Einwände untersucht und die vorgeschlagenen Alternativen in Augenschein genommen. Was können wir nun darauf antworten? Die Antwort lautet natürlich, dass Christen, anders als alle anderen, wissen wollen, was die Bibel tatsächlich dazu sagt. Ist die Bibel das Wort Gottes, dann weiß Gott es besser und wir müssen zuallererst fragen: „Was hat er dazu gesagt?" Allerdings müssen wir sorgfältig darauf bedacht sein, die Bibel richtig zu studieren. Die Tatsache, dass es in der Vergangenheit Prediger gab, die das Höllenfeuer verkündet haben und es dabei ausschmückten und übertrieben, sollte uns eine Warnung sein. Wir sollten nichts predigen oder glauben, was dem Wortlaut der Bibel nicht entspricht, wie reißerisch oder im sadistischen Sinne attraktiv solche Ausschmückungen auch sein mögen. Andererseits müssen wir darauf bedacht sein, alles miteinzubeziehen, was die Bibel dazu zu sagen hat.

Wenden wir uns nun einen Moment lang dem biblischen Ansatz zu. Das Erste, was viele überraschen wird, ist: Im Alten Testament steht fast nichts über die Hölle. Das ist überraschend, da viele Menschen behaupten, das Alte Testament sei der strengere Teil der Bibel. Dort werde Gott als jemand dargestellt, der hart strafe und es dir wirklich heimzahle. Es ist diese Vorstellung, dass sich das Alte Testament um einen strafenden Gott dreht, während das Neue Testament von einem Gott berichtet, der vergibt.

Ehrlich gesagt könnte ich meine Doktrin der Hölle nicht auf das Alte Testament gründen, weil es dort kaum etwas zum Thema gibt. Es wird viel über den Scheol oder Hades gesprochen, die Welt der körperlosen Geister, die Zwischenstufe, doch das gesamte Alte Testament sagt kaum etwas über die Hölle. Wenn wir uns also fragen, was die Bibel zum Thema sagt, müssen wir quasi in der zweiten Hälfte anfangen zu suchen.

Im Neuen Testament stoßen wir dann auf eine weitere große Überraschung. Wir entdecken, dass in den Briefen kaum etwas über die Hölle steht. Wer glaubt, Paulus sei vorzuwerfen, er habe die nette Jesus-Religion genommen und ihr viel jüdische Strenge hinzugefügt, der wird bei diesem Thema absolut widerlegt werden. Wer glaubt, Paulus habe es geliebt, in seinen Predigten Menschen quasi über dem Höllenschlund baumeln zu lassen, wird feststellen, dass er falsch liegt. Aber von wem haben wir unsere Vorstellung von der Hölle dann empfangen? Die Antwort ist ganz simpel: von Jesus selbst.

Würde man Jesu Aussagen zur Hölle herausschneiden, hätte man große Schwierigkeiten, einen Glauben an die Hölle zu konstruieren. Warum ist das so? Ich glaube, die Antwort ist sehr einfach: Gott wollte, dass wir die Fakten direkt von seinem Sohn erfahren. Als wäre das Thema zu schrecklich und zu tiefgründig, um diese Lehre einem anderen anzuvertrauen. Als wollte er sagen: „Ich möchte, dass eine Person, die ihr für den freundlichsten, liebevollsten und barmherzigsten Menschen haltet, der je gelebt hat, euch von der Hölle erzählt. Denn ich bezweifle, dass ihr es jemand anderem glauben würdet."

Stellen Sie sich einfach eine Bibel vor, in der Jesus nichts über die Hölle sagt und alle Aussagen dazu von Jeremia und Paulus stammen. Ich kann mir schon denken, was dann passieren, was man dann sagen würde. Menschen würden erklären: „Da hast du's. Meine Religion ist die Religion Jesu. Diese Männer haben sie verzerrt, weil sie in ihrer Art so engstirnig und streng sind." Doch tatsächlich war es der liebevolle, gütige und barmherziger Retter, der über dieses Thema gesprochen hat. Von allen Bibelstellen, die ich für dieses Kapitel nachgeschlagen habe, stammt die überwiegende Mehrheit aus den ersten drei Evangelien (Matthäus, Markus und Lukas).

Ich werde eine oder zwei seiner Aussagen durchgehen. Die entscheidende Frage für Christen ist weder philosophischer, moralischer noch psychologischer Natur noch von irgendeinem menschlichen Argument abhängig. Vielmehr geht es darum, ob Jesus selbst die Wahrheit ist, wenn er sagt: „Wenn es nicht so wäre, hätte ich es euch gesagt." Glauben wir das oder nicht? Ist er der Herr über unseren Verstand? Jemand hat mir genau das einmal gesagt, als ich etwas in den Evangelien in Zweifel zog, und ich habe es nie wieder vergessen: „Wenn Jesus dein Herr ist, dann akzeptierst du das, was er sagt, als die Wahrheit, ob dein Verstand damit übereinstimmt oder nicht. Doch wenn du seine Aussagen nur annimmst, wenn dein Verstand sie gutheißt, dann bist du der Herr und Jesus ist es nicht."

Wenn ich nur die Dinge in der Bibel akzeptiere, denen mein Verstand zustimmt, dann mache ich mich zum Herrn über die Bibel. Das ist das eigentliche Problem, auf das ich stieß, als ich mich mit diesem Thema beschäftigte. Ich muss offen zugeben, dass ich von meinem eigenen Denken, meinem Temperament und meinem Charakter her die Hölle nicht akzeptieren könnte. Der Grund, warum ich Sie in diesem Thema unterrichte, ist folgender: Jesus muss der Herr meines Denkens sein. Ich muss glauben, dass sein Denken viel logischer ist als mein Eigenes und viel mehr in der Lage, die Wahrheit zu erkennen, als ich es wäre. Nennen Sie es ruhig mentalen Selbstmord oder Unterordnung, wenn Ihnen das besser gefällt. Doch ich glaube, der einzige Weg, der zur Wahrheit führt, besteht darin, sich dem unterzuordnen, der gesagt hat: „Ich bin die Wahrheit."

Was hat er nun über die Hölle gesagt? Ich werde meine Aussagen nur auf zwei oder drei seiner Texte stützen. Es gibt noch andere, die man heranziehen könnte, doch uns fehlt dazu der Platz. Hier kommt die erste Aussage: „Habt keine Angst vor den Menschen, die zwar den Körper, aber nicht die Seele töten können! Fürchtet vielmehr Gott, der beide, Leib und Seele, dem ewigen Verderben in der Hölle ausliefern kann" (Matthäus

10,28). Das sind höchst einfache Worte – und sie stammen von unserem Retter, unserem Herrn Jesus. Ich möchte den Text in umgekehrter Reihenfolge untersuchen.

Nehmen wir das letzte Hauptwort, das Wort „Hölle". Natürlich hat er nicht dieses Wort verwendet, sondern den Begriff *Gehenna*. Falls Sie schon einmal im Heiligen Land waren, haben Sie diesen Ort vermutlich gesehen. Ich bin hindurchgewandert. Gehenna oder das Tal Ge-Hinnom ist ein tiefes Tal, das zwei Seiten der Stadt Jerusalem umschließt. Am Boden dieser tiefen, dunklen Schlucht gibt es einen Punkt, den die Sonne niemals erreicht, er liegt immer im Schatten.

In diesem schattigen Tal standen zunächst die Sommerresidenzen der Könige Israels. Später entwickelte es sich zu einem Ort der Kultur. Dann wurde es zu einer Stätte heidnischer Anbetung, man errichtete dort entsprechende Kultstätten. Schwarze Magie und okkulte Aktivitäten fanden dort statt. Schließlich wurde das Tal derart entweiht, dass Menschen dort ihre eigenen Kinder töteten und sie heidnischen Götzen opferten – in Sichtweite der Stadt Gottes.

Ein gottesfürchtiger jugendlicher König namens Josia, der im Alter von zwölf Jahren den Thron bestieg, erkannte, wie falsch das war, und zerstörte die Kultstätten. Gleichzeitig befahl er, dass niemand dort wohnen sollte. Er beendete die Schändlichkeiten, die dort geschahen, und nannte das Tal Tofet, die Gräuelstätte. Von diesem Tag an wurde es zur Abfalldeponie, zur Müllhalde Jerusalems. Alles, was man nicht mehr brauchte, wurde über die Mauer geworfen und fiel hinunter in dieses Tal. Dort geschahen zwei Dinge mit dem Müll: Würmer und Maden fraßen den essbaren Teil auf, während man Lagerfeuer brennen ließ, um den Rest zu zerstören.

Zu Lebzeiten Jesu wurden die Leichen von hingerichteten Verbrechern in dieses Tal geworfen. Hätte Josef von Arimathäa nicht eingegriffen, wäre auch der Leichnam unseres Herrn dort gelandet. In den Tiefen dieses Tals erhängte sich übrigens auch ein Mann namens Judas und ging an seinen eigenen Ort, wie die Bibel sagt. Als unser Herr über die Hölle sprach, verwendete er ausnahmslos diesen Begriff Gehenna, einen Ort für den Abfall, einen Ort des Verbrennens und der Würmer, einen Ort, den man mit Sünde und Verbrechen assoziierte – ein sehr eindrückliches Bild.

Der nächste Begriff ist „Körper und Seele", wenn wir den Vers in umgekehrter Reihenfolge betrachten. Zweifellos bezieht er sich auf einen Zustand nach der Auferstehung, wenn Körper und Seele wiedervereint sind. Jesus sagte, selbst wenn jemand deinen Körper töten wird, sollst du dich nicht fürchten, da es sich nicht um das Schlimmste handelt, was dir passieren kann. Man könnte meinen, dass es das Schlimmste sei, was geschehen könnte, wenn man hört, wie manche Menschen darüber sprechen. Allerdings trifft das nicht zu. Es gibt etwas noch Schlimmeres, das dem Körper und der Seele zu einem späteren Zeitpunkt gemeinsam zustoßen kann. Unser Herr spricht hier also eindeutig über die endgültige Zukunft.

Jetzt müssen wir das Wort „zerstören" untersuchen. Auf den ersten Blick scheint es die Bedeutung von „auslöschen, vernichten, völlig ausradieren" zu haben. Doch ich muss Ihnen sagen, dass eine sorgfältige Analyse der Gelehrten (darin waren sich alle einig) gezeigt hat, dass dieser Begriff nicht zwingend diese Bedeutung hat. Er wird für etwas verwendet, das ruiniert ist, das verschwendet wurde, das nutzlos geworden oder verloren gegangen ist. Er wird für das verlorene Schaf im gleichnamigen Gleichnis benutzt; und auch für den alten Weinschlauch, in den neuer Wein hineingegossen wurde. Auch Judas gebrauchte dieses Wort, als die Frau ihr Salböl über Jesus ausgoss, was Judas als Verschwendung betrachtete.

Wenn Sie das Wort „zerstören" oder „verderben" untersuchen, stellen Sie fest, dass es in der Bibel genau das bedeutet: nutzlos gemacht werden, verschwendet werden, ruiniert werden. Exakt auf diese Weise verwenden wir das Wort „verdorben" heute.

Die Hölle

Wenn Sie von einer Wärmflasche sprechen, die ruiniert ist, was meinen Sie dann damit? Dass sie nicht mehr existiert? Dass es sie nicht mehr gibt? Nein. Sie meinen damit, dass sie verdorben, dass sie ruiniert ist und jetzt nicht mehr zu dem Zweck gebraucht werden kann, für den sie gemacht wurde. Was tun Sie dann mit dieser Wärmflasche? Die Antwort ist eindeutig: Sie wandert auf den Müll. Mit einer Sache, die verdorben ist, können Sie nichts weiter tun – gar nichts mehr.

Wenn etwas kaputtgeht, ist das nicht so schlimm, Sie können es wieder reparieren. Doch wenn etwas verdorben ist oder ruiniert wurde, dann ist es nutzlos geworden und Sie haben nur noch die Möglichkeit, es wegzuwerfen. Das Tal Ge-Hinnom außerhalb von Jerusalem war schlicht und einfach mit Verdorbenem angefüllt. Ich glaube, Jesus Christus hat die Macht, zerbrochene Menschen wieder heil zu machen. Allerdings sprach er mit größtem Entsetzen nicht über zerbrochene Menschen, sondern über solche, die ins Verderben gehen. Der schönste Vers in der gesamten Bibel lautet: „Also hat Gott die Welt geliebt, dass er seinen einzigen Sohn gab, damit alle, die an ihn glauben, für Gott und die Menschen nicht verschwendet, ruiniert und völlig nutzlos werden, sondern ewiges Leben haben" – das ist die wahre Alternative.

Beachten Sie das Wort „Gott" in unserem Bibelvers: „Fürchtet vielmehr Gott, der beide, Leib und Seele, dem ewigen Verderben in der Hölle ausliefern kann." In anderen Bibelübersetzungen steht dort das Wort „ihn". Manche glauben, damit sei der Teufel gemeint. Der Teufel gehört jedoch zu denen, die zerstört werden, daher ist hier eindeutig von Gott die Rede. Die Hölle ist nicht ein Ort, den ich mir selbst eingerichtet habe, sondern den Gott schaffen wird. Die Bibel ist an diesem Punkt sehr klar: Gott tut es und nicht wir.

Das nächste Wort in umgekehrter Reihenfolge ist „fürchtet". Sollte es für uns psychologisch gesehen schlecht sein, die Hölle zu fürchten, warum hat uns Jesus dann dazu aufgefordert? Wenn

Sie tatsächlich Gefahr laufen, Menschen in alle möglichen psychologisch-bedenklichen Zustände zu versetzen, indem Sie über die Hölle sprechen, warum hat Jesus es dann getan? Er sagte: „Fürchtet den, der euch dorthin versetzen kann."

Bisher habe ich nur über einen Vers gesprochen, über eine Aussage unseres Herrn. Wäre sie die einzige, so würde das schon völlig ausreichen, doch sie ist es bei Weitem nicht. Ich will die anderen in aller Kürze durchgehen. In Markus 9, 48 (LUT) spricht er über die Menschen, die in die Hölle geworfen werden, „wo ihr Wurm nicht stirbt und das Feuer nicht verlöscht." Damit sagt er, dass in diesem Tal die Würmer sehr wohl sterben und das Feuer verlöscht. Auch wenn an dem Tag, an dem ich durch das Tal Ge-Hinnom wanderte, ein Mann dort unten gerade Müll verbrannte – ich habe ein Foto davon.

Die Würmer sind gestorben und die Feuer sind verlöscht. Jesus betont hier, dass an dem Ort, den er meint, die Würmer und das Feuer nicht aufhören. Wenn Menschen dort aufhören zu existieren, warum sollten dann Würmer und Feuer weiterbestehen? Das ist mir völlig unverständlich. Mir fällt auf, dass er sagt: „wo ihr Wurm nicht stirbt und das Feuer nicht verlöscht." Ich weiß nicht, was Wurm und Feuer wörtlich bedeuten. Selbst wenn Sie die Begriffe als Metaphern verstehen wollen, so müssen Sie dennoch der Realität dahinter in die Augen sehen. Manche haben den Wurm als etwas bezeichnet, das ihrem Gewissen und ihrem Gedächtnis keine Ruhe lässt. Wie auch immer sie es bezeichnen mögen; es beseitigt nicht den Schrecken dieser Realität.

Das Gleichnis von den Schafen und den Ziegen ist eine weitere wohlbekannte Geschichte, die in vielen Kirchen und Gemeinden zu Beginn der „Christian Aid Week" (Christliche Hilfswoche) gelesen wird. Viele könnten das meiner Ansicht nach so missverstehen, dass man sich durch gute Werke an anderen Menschen selbst vor der Hölle retten kann. Doch das ist nicht die Botschaft dieses Gleichnisses. „Geht weg von mir, ihr Verfluchten, in das ewige Feuer, das bereitet ist dem Teufel und seinen Engeln!" und „Und sie werden hingehen: diese zur ewigen Strafe, aber die Gerechten in das ewige Leben" (Matthäus 25, 41+46; LUT).

Das letzte Mal, als ich gehört habe, wie dieser Text in einer Gemeinde gelesen wurde, hörte der Pfarrer kurz vor diesem Vers auf, doch er ist Bestandteil dieses Gleichnisses. Wer behauptet, ewig bedeute doch ganz sicher nicht endlos, sieht sich einer großen Schwierigkeit gegenüber: Fast jedes Mal, wenn dieses Wort an anderer Stelle im Neuen Testament verwendet wird, bedeutet es endlos. Gott wird als ewig bezeichnet, Christus ebenso, seine Rettung ist ewig, und in genau diesem Vers auch der Himmel. Wir können uns nicht nur die Rosinen herauspicken. Ist die Hölle nur vorübergehend, so muss es der Himmel auch sein. Wird dasselbe Wort für beide verwendet, so ist es äußerst problematisch, ihm im selben Satz nicht dieselbe Bedeutung zu geben.

Jesus verwendete noch andere Begriff, wie beispielsweise „Weinen und Zähneknirschen" und die „äußerste Finsternis". Man hat mir gesagt, dass das Unerträglichste in den arktischen Regionen im Winter nicht die Kälte sei, sondern der Mangel an Licht – Jesus sprach von Finsternis. Zu guter Letzt werde ich einen weiteren Vers zitieren. Jesus sagte zu seinen Kritikern: „Ihr werdet Abraham, Isaak und Jakob und alle Propheten im Reich Gottes sehen, euch aber hinausgestoßen" (siehe Lukas 13,28).

Er lehrte ganz deutlich, dass man, von der Hölle aus, den Himmel sehen könne, jedoch nicht umgekehrt. Tatsächlich gilt das auch für das heutige Tal Ge-Hinnom. Vom Tal aus können Sie die Stadt sehen, doch es gibt Touristen, die ganz Jerusalem umwandert haben und nach England zurückgekehrt sind, ohne die Gehenna je zu Gesicht bekommen zu haben. Ich habe schon mit vielen Israelreisenden gesprochen, die meinen, sie hätten schon alles gesehen. Doch sie waren nicht auf dem Grund dieses Tals, obwohl es sich nur einen Kilometer von den meisten Sehenswürdigkeiten entfernt befindet, die sie besichtigten. Das ist das Bild, das Jesus uns vor Augen malt: Man weiß, dass man außerhalb der Stadt ist.

Das ist ein ziemlich schreckliches Bild; es wird vom Rest des Neuen Testaments bestätigt, worauf ich jedoch nicht weiter eingehen werde. Ich zitiere hier nur aus den Paulusbriefen. Paulus schreibt, dass die Menschen, die Gott nicht kennen und dem Evangelium nicht gehorchen, bestraft werden und ewiges Verderben erleiden (siehe 2. Thessalonicher 1,8). Im Buch der Offenbarung heißt es schließlich, dass sie Tag und Nacht in alle Ewigkeit gequält werden. Dasselbe Buch spricht von Feuer und Schwefel. Betrachten wir nun die Alternativen, die man angesichts der biblischen Realität vorgeschlagen hat.

Selbstversursachtes Leiden: Es hat überhaupt nichts mit der Definition Jesu von der Hölle zu tun. Die Hölle existiert im Leben nach dem Tod, nicht im Diesseits – und Gott ist es, der sie vorbereitet, nicht wir.

Universelle Wiederherstellung: Es ist mir absolut unmöglich, daran zu glauben, dass alle irgendwie eines Tages in den Himmel gezwungen werden. Die klare Lehre unseres Herrn in der Bergpredigt, in seinen Gleichnissen und in seinen direkten Aussagen dazu zeigt, dass die Hölle nicht nur möglich oder wahrscheinlich ist, sondern eine felsenfeste Realität. Der Teufel und seine Engel werden auf jeden Fall dort enden – mit allen Menschen, die sich ihrer Führung untergeordnet haben.

Bedingte Unsterblichkeit: Ich werde hier ganz offen sein. Man kann auf Grundlage der meisten Formulierungen in der Bibel vertreten, dass es letztendlich, nach schrecklichem Leiden, möglicherweise eine Auslöschung gibt, allerdings erst nach den Qualen der Hölle. Ich fürchte, ich muss allerdings so ehrlich sein und Ihnen sagen, dass nicht alle Texte so interpretiert werden können. Daher bleibt mir nichts anderes übrig: So wenig es mir von meiner Art und meinem gefallen Verstand her auch gefallen mag, ich muss akzeptieren, dass Jesus das Konzept der Hölle gelehrt hat, an das Christen seit 2000 Jahren glauben.

Angesichts dieser fürchterlichen Tatsache stehen wir vor einer simplen Wahl: Akzeptieren wir einerseits die Meinung der Psychologen, der Philosophen, der ethisch-moralischen Lehrer, der Gefühlsmenschen und der Theologen, die alle dieses Höllenverständnis ablehnen? Oder akzeptieren wir die Aussagen Jesu, in dem Glauben, dass er die Liebe Gottes des Vaters besser kannte als jeder von uns? Vertrauen wir darauf, dass er, der diese Liebe wirklich auslebte, im tiefsten Innern wusste, dass auch dieses Verständnis von der Hölle die Wahrheit war? Das ist die Wahl, vor der wir stehen. Eines Tages habe ich Jesus meinen Verstand untergeordnet und gesagt: „Jesus, du bist nicht nur mein Retter, sondern auch mein Herr. Das bedeutet, dass mein Denken unter deiner Herrschaft steht, genauso, wie alles andere." Aus diesem Grund glaube ich heute daran, nicht, weil es mir gefallen würde, wie Sie bestimmt schon gemerkt haben, sondern weil ich es für die Wahrheit halte.

Wenden wir uns nun der praktischen Seite dieser Überzeugung zu. Handelt es sich nur um eine akademische Frage? Um etwas, über das man Bücher schreiben sollte? Ist es nur eine Überzeugung, die man so kommentieren könnte: „Du glaubst zwar daran, aber ich tue es nicht. Lass uns einfach weiter unser Christsein leben." Die Antwort lautet: Ist es die Wahrheit, so treffen die weitreichendsten Konsequenzen zunächst den Nichtchristen. Untersuchen Sie das Leben von Predigern wie Wesley und Spurgeon, so stellen Sie fest, dass sie nicht zögerten, Menschen eindringlich zu bitten, zu Christus zu kommen, um sie vor der Hölle zu retten. Da die Gefahr real war und sie den Gedanken verabscheuten, dass auch nur eine einzige Seele dort enden sollte, predigten sie mit noch größerem Ernst darüber.

Stellen wir uns nun die Frage, ob es in diesem Zusammenhang bestimmte praktische Probleme gibt. Was bringt einen Menschen in die Hölle? Ich stelle fest, dass die meisten glauben, jeder Mensch sei gut, sobald er gestorben ist. Jedenfalls wird dann so über ihn gesprochen, dass man davon ausgehen müsste.

Gleichzeitig entsteht der Eindruck, die einzigen Menschen in der Hölle seien Hitler, Nero und ein paar weitere ihrer Gesinnungsgenossen. Was bringt einen Menschen nun tatsächlich dorthin? Laut einem bekannten Sprichwort sind es gute Vorsätze.

Der Weg in die Hölle ist nämlich mit ihnen gepflastert. Um welche Art von guten Vorsätzen geht es? „Eines Tages werde ich mich bekehren"; „ich werde in die Kirche gehen, sobald ich das Haus eingerichtet habe"; „ich werde anfangen, die Bibel zu lesen, wenn mir etwas mehr freie Zeit zur Verfügung steht." Genau solche Vorsätze pflastern den Weg dorthin. Dr. A.T. Pierson, ein bekannter Prediger in den Vereinigten Staaten, erzählte einmal, dass ein amerikanischer Richter in seine Gemeinde ging. Seine Frau war Christ, er jedoch nicht.

Eines Tages saß dieser Richter auf seiner Kirchenbank und spürte, dass Gott ihn überführte. Er wusste, dass er nun eine Entscheidung treffen musste, dass Gott ihm sehr nahe war und er genau in diesem Moment Christus annehmen könnte. Allerdings sollte er in der nächsten Woche die amerikanische Regierung von einem Gesetzentwurf überzeugen, und seine berufliche Zukunft hing vom Erfolg seiner Überzeugungsarbeit ab. Gleichzeitig wusste er, dass ein Christ einen solchen Gesetzentwurf eigentlich nicht unterstützen konnte. Der Richter stand am Scheideweg. Entweder er würde diesen Gesetzentwurf durchbringen und einen Karrieresprung machen oder er würde sich zu Christus bekehren. Wissen Sie, was er an diesem Sonntag tat? Er beschloss, Christ zu werden, nachdem die Regierung dem Gesetzentwurf zugestimmt hätte, doch er setzte diesen Beschluss niemals um. Er starb zwanzig Jahre später, ohne Christus nähergekommen zu sein. Er hatte zwar die Absicht, sich ihm zuzuwenden, doch als die Krise kam, schlug er Gottes Einladung aus.

Der Weg zur Hölle ist mit solchen guten Vorsätzen gepflastert. Wenn Gott je zu Ihnen spricht und Sie wissen, sie sollten jetzt an einem ungestörten Ort auf die Knie gehen und sagen: „Herr Jesus, ich weiß, dass ich die Hölle verdiene und dort landen werde, es sei denn, du greifst ein. Daher bitte ich dich mich zu retten" – dann flehe ich Sie an: Tun Sie es, wenn dieser Impuls kommt.

Hier kommen einige Dinge, die laut meiner Bibel einen Menschen in die Hölle befördern können: Eifersucht, Neid, Wut, Trunkenheit, schmutziges Gerede, Scheinheiligkeit, Feigheit, Habsucht, Lüge und Unzucht. Jeder einzelne Punkt auf dieser Liste reicht laut dem Neuen Testament aus, um einen Menschen in die Hölle zu bringen. Deshalb hat Jesus gesagt: „Und wenn dich deine rechte Hand zum Bösen verführt, so hack sie ab und wirf sie weg! Es ist besser, verstümmelt zu sein, als unversehrt in die Hölle zu kommen" (Matthäus 5,30).

Das ist von Jesus nicht wörtlich gemeint, denn wenn Sie eine Hand abhacken, haben Sie immer noch die andere; und wenn Sie sich ein Auge ausreißen, bleibt Ihnen immer noch das andere. Was er damit sagen will, ist: Wenn es irgendetwas gibt, das Sie anschauen oder mit der Hand tun oder etwas, wohin Sie Ihre Füße tragen, das Sie zum Bösen verführt, dann werfen Sie es aus Ihrem Leben heraus. Es ist besser ein „enges" oder eingeschränktes Leben zu führen und als eng zu gelten, als mit dieser Sache in die Hölle zu kommen.

Mein nächstes Stichwort heißt „wie". Wie entkommt ein Mensch der Hölle? Die Antwort ist sehr einfach: Am Kreuz wird die Hölle höchst real. Ich bin überzeugt: Menschen, die nicht an die Hölle glauben, beschäftigen sich nie mit dem Kreuz. Zwei Aspekte des Kreuzes sprechen dafür: Erstens, welche furchtbare Unvermeidlichkeit verlangte es, dass Jesus sterben musste, bevor Gott mir vergeben konnte? Welche furchtbare Realität machte das Blut Jesu Christi zum einzig ausreichenden Preis, der mich retten konnte? Die Antwort lautet: die Hölle war dieses schreckliche Erfordernis.

Zweitens: Welche grausame Erfahrung hat Jesus für mich durchlebt? Er ging für mich durch die Hölle. Wenn Sie wissen wollen, was die Hölle ist, dann hören Sie dem Schrei des Sohnes Gottes zu: „Mein Gott, mein Gott, wo bist du? Warum ist es so dunkel? Warum hast du mich verlassen? Warum ist nichts da, kein Gefühl deiner Gegenwart?" Dieses Gefühl überkam ihn damals – zum ersten Mal in der gesamten Ewigkeit. Das war die Hölle, und er hat sie durchgemacht, um uns zu retten. Das Kreuz ist der größte Beweis für die Liebe Gottes zu den Sündern und für den Hass Gottes auf die Sünde.

Wenn Sie nicht an die Hölle glauben, warum musste Jesus dann für Sie durch die Hölle gehen? Auch wenn Sie nicht glauben, dass diese furchtbare Möglichkeit der Hölle besteht, warum musste Jesus dann sterben? Ohne die Realität der Hölle gibt es darauf keine Antwort.

Mein abschließendes Wort ist sehr praktisch. Es richtet sich an Christen. Wenn das, was ich hier ausgeführt habe, der Wahrheit entspricht, dann ist die erste Priorität jedes Christen, andere für Christus zu gewinnen. Was auch immer wir sonst noch für andere tun, das muss unser Hauptziel sein. Zu den bedenklichsten Entwicklungen der letzten Jahrzehnte gehört das abnehmende Interesse daran, Seelen zu retten, während der Enthusiasmus überfließt, Menschen körperlich zu ernähren. Dabei möchte ich mit meinen Aussagen vorsichtig sein. Denn während der Christian Aid Week werden wir aufgefordert, zu spenden, um Menschen vor dem Verhungern zu retten. Das ist natürlich richtig und angemessen.

Wer jemanden ungerührt hungern sieht und nichts tut, um das zu ändern, ist kein Christ. Gleichzeitig haben Missionsgesellschaften große Probleme, Spenden zu erhalten, um Seelen zu retten. Während des 19. Jahrhunderts haben Christen in diesem Land sowohl Finanzen als auch Menschen in großem Umfang freigesetzt, um die Welt mit dem Evangelium zu erreichen. Es war der wertvollste „Exportartikel", den England jemals auf den Weg gebracht hat. Warum haben sie es damals getan? Weil sie glaubten, dadurch Menschen vor der Hölle zu retten.

Im letzten Jahrhundert hat der Glaube an die Hölle immer mehr abgenommen. Es trifft nicht zu, dass die früheren Missionare die körperlichen und geistigen Bedürfnisse der Menschen vernachlässigten, als sie sich auf den Weg machten – schließlich bauten sie Schulen und Krankenhäuser – doch das Hauptziel ihres Auftrags war die Rettung von Seelen. Sie wussten: Selbst wenn man einen Menschen jeden Tag seines Lebens auf dieser Erde ernährt, so ist ihm doch erst permanent geholfen, wenn man seine Seele gerettet hat. Ich möchte einfach nur dafür plädieren, dass wir unsere Aktivitäten als Christen gut ausbalancieren. Die Welt wird bei der Christian Aid Week spenden, sie wird Gelder bereitstellen, um die Hungernden zu speisen, doch nur Christen sind darum bemüht, Seelen zu retten. Wir sind die einzigen Menschen, die das für eine verlorene Welt tun – und unser missionarisches Interesse steht in direktem Zusammenhang zu unserem Glauben an die Dinge, über die ich in diesem Kapitel geschrieben haben.

Natürlich spenden wir, um Menschen zu helfen, die körperlich leiden; und wir leisten Hilfe, um Bildungschancen zu verbessern – doch wenn wir wirklich an die Realität der Hölle glauben, dann müssen wir als Christen unsere Prioritäten richtig ordnen. Dann sollte die Evangelisation zu unserer wichtigsten Aktivität und zu unserem größten missionarischen Interesse werden – und zu unserer ersten finanziellen Priorität. Das ist ein sehr praktischer und bodenständiger Aspekt.

Kapitel 6

WEITERE FRAGEN

Lesen Sie Markus 12,13–34

Ich werde zu Anfang dieses Kapitels Fragen beantworten, die man mir gestellt hat. Auf die erste Frage kann weder ich noch irgendjemand sonst eine Antwort geben. Es ist eine sehr einfache Frage:

„Wo ist die Hölle?"
Ich habe einmal gehört, wie jemand diese Frage so beantwortet hat: Die Hölle ist überall außerhalb des Himmels. Das ist keine schlechte Definition. Wenn Sie einmal gründlich darüber nachdenken, enthält Sie eine tiefgreifende Wahrheit. Denn, wie wir im vorangegangenen Kapitel bereits gesagt haben: In der Hölle zu sein bedeutet, sich außerhalb des Himmels und außerhalb Gottes zu befinden. Jesus formulierte es so: „Ihr werdet euch hinausgestoßen sehen"– vergleichbar einem Bild von jemandem, der auf einem kalten, dunklen Weg steht, in ein hell erleuchtetes Fenster hineinblickt und dort drinnen Menschen sieht, die ein Fest feiern. Dieser Gedanke kommt mir, wenn ich an die Aussagen Jesu denke. Daher würde auch ich sagen: Die Hölle ist überall außerhalb des Himmels.

Falls Sie Ihren Standort auf einer Karte des Universums ausfindig machen wollen, so ist das unmöglich. Auch den Himmel können wir dort nicht finden, aus diesem ganz einfachen Grund: Als jemand Jesus bat: „Bitte zeige ihn uns auf einer Karte. Bitte sag uns, wo der Himmel ist und wie wir dorthin kommen können", antwortete er: „Das müsst ihr nicht wissen. Ich werde euch hinbringen." Dasselbe gilt wohl für die Hölle. Sie müssen den Weg nicht wissen, weil er diejenigen, die in die Hölle kommen, genau an diesen Ort befördern wird. Im Universum selbst können wir ihn jedoch nicht lokalisieren. Wir wissen, dass Orte vorbereitet werden, sowohl der Himmel als auch die Hölle, doch wo sie sich befinden, kann ich nicht beantworten.

„Hat die Zeit, wie wir sie kennen, für Menschen, die im Glauben gestorben sind, noch irgendeine Bedeutung?"
Einerseits ist die Zeit eine elastische Sache: Manchmal fliegt sie dahin und manchmal zieht sie sich. Manchmal erscheint uns eine 20-minütige Predigt so lang zu sein wie eine Stunde; ein anderes Mal erscheint uns eine einstündige Predigt wie 20 Minuten, obwohl das seltener vorkommt. In gewisser Weise hängt das auch von dem Stuhl ab, auf dem Sie sitzen. Ich glaube, dass die Zeit in der Ewigkeit weiterlaufen wird. In bestimmten Übersetzungen der Offenbarung gibt es einen Vers, der viele Menschen irregeleitet hat. Dort heißt es: „Es soll hinfort keine Zeit mehr sein" (Offenbarung 10,6; LUT). Dieser Vers bedeutet, dass Gott sofort den nächsten Schritt tun und mit seinem Handeln nicht länger warten wird.

Hier wird nicht gesagt, dass es in der Ewigkeit keine Zeit mehr geben wird, und tatsächlich beinhaltet die biblische Vorstellung von der Ewigkeit endlose Zeit. Sie müssen sich innerhalb der Zeit befinden, um bei Bewusstsein zu sein; denn Bewusstsein bedeutet, zu erkennen, was jetzt geschieht, was damals passiert ist und was im nächsten Moment geschehen wird. Es gibt also dieses Fortschreiten der Zeit. Ohne ein irgendwie geartetes Bewusstsein, dass Momente vergehen, sind Sie nicht bei Bewusstsein. Die Zeit bewegt sich nie in umgekehrter Richtung. Sie verläuft immer aus der Vergangenheit durch die Gegenwart und in die Zukunft. Gott ist ein Gott der Zeit. Statt zu sagen, dass Gott sich in der Zeit befindet, bevorzuge ich die Aussage: Die Zeit ist in Gott. Doch er wird uns immer als ein Gott der ewigen Zeit beschrieben. Der Gott, der war, der Gott, der ist und der Gott, der ewig sein wird – immer in dieser Reihenfolge, nie umgekehrt. Gleichwohl erlebt Gott die Zeit so anders als wir; allerdings nicht, weil sie nicht existieren würde, sondern weil für ihn tausend Jahre wie ein Tag sind und ein Tag wie tausend Jahre. Die Bibel sagt nirgendwo, dass die Zeit für ihn bedeutungslos wäre, sondern sie betont immer, dass die Zeit für ihn anders ist. Daher gehe ich davon aus, dass auch wir die Zeit anders wahrnehmen werden, wenn wir in seiner Herrlichkeit im Himmel leben.

Kommen wir jetzt zu den Menschen, die im Glauben gestorben sind. Vermutlich meint der Fragesteller diejenigen, die gestorben sind und auf die Auferstehung warten. Wieviel bedeutet ihnen die Zeit noch? Ich habe Ihnen schon gesagt, dass ich glaube, dass sie bei vollem Bewusstsein bei Jesus sind. Daher hat die Zeit für sie sehr wohl Bedeutung, doch ob sie für sie dasselbe bedeutet wie für uns, das bezweifle ich. Das Intervall zwischen Tod und Auferstehung wird für sie wahrscheinlich sehr schnell vergehen, weil es so wunderschön ist, das ist meine Vermutung. Sind Sie mit einer geliebten Person zusammen, dann hat die Zeit die Tendenz, eher schneller zu verstreichen als unter anderen Umständen. Ich spekuliere hier nur, doch ich vermute schon, dass die Zeit für sie eine Bedeutung hat. Da diese Menschen beim Herrn sind, wird die Zeit viel zu schnell verfliegen, bis wir alle schließlich dazustoßen.

„Welche Belohnungen wird es im Himmel geben?"
Alle möglichen Belohnungen. Es wird sichtbare Belohnungen geben. Bestimmte Personen werden spezielle Kronen tragen. Gewisse sichtbare Symbole, die besondere Dinge verkörpern, die sie für den Herrn getan haben; so verspricht die Bibel beispielsweise den Märtyrern eine spezielle Krone. Wer für seinen Glauben gestorben ist, wird dadurch geehrt und im Himmel daran erkannt werden. Das wird die Belohnung für

das Sterben für den Herrn sein. Es wird noch andere Kronen geben, und Sie können die Bibel durcharbeiten und sie alle auflisten. Diejenigen, die beispielsweise gegen alle Widerstände an ihrem Glauben festgehalten haben, werden ihre eigene Krone bekommen. Es scheint auch eine Krone für Menschen vorgesehen zu sein, die auf Gottes Gnade geantwortet haben, indem sie hier auf der Erde ein heiliges Leben führten.

Es wird auch Belohnungen für besondere Verantwortlichkeiten und Positionen geben. Das bedeutet nicht, dass wir nicht alle gleichermaßen gerettet sind und aus Gnade in den Himmel kommen, doch es wird im Bereich der Verantwortlichkeit Unterschiede geben. Wer hier treu gewesen ist, wird dort beachtliche Verantwortung übertragen bekommen, genau wie in einer irdischen Firma. Wenn Sie Ihre Arbeit in Ihrem kleinen Büro auf der untersten Ebene gut machen, dann wird man Sie befördern. Diese Art der Belohnung wird denen zuteilwerden, die treu sind, insbesondere bei Aufgaben, die niemand außer dem Herrn wahrnimmt. Es scheint eine besondere Belohnung für die Dinge zu geben, die Sie auf der Erde heimlich für Gott getan haben. Jesus hat immer gesagt: „Tu es heimlich, und dein Vater im Himmel, der im Verborgenen sieht, wird dich öffentlich belohnen." Ein wahrer Test für unser Leben als Christ besteht darin, wie sehr wir bereit sind, im Verborgenen an unserem christlichen Lebensstil zu arbeiten. Eines ist ziemlich sicher: Im Himmel werden wir viele Überraschungen erleben. Es wird einige ziemlich große Belohnungen für Menschen geben, die wir hier auf der Erde kaum bemerkt haben – für Dinge, die sie heimlich für den Herrn getan haben. Er wird sie öffentlich belohnen.

Wenn Menschen behaupten, Belohnungen seien unmoralisch, so widersprechen sie unserem Herrn Jesus. Sind Auszeichnungen falsch, dann lag Jesus falsch darin, sie anzukündigen. Doch Sie werden immer wieder in der Bibel lesen, dass Sie sich glücklich schätzen sollen, wenn Sie verfolgt werden. Sie liegen damit auf derselben Linie wie die Propheten und Märtyrer, und ihr Lohn im Himmel wird groß sein. Jesus gab diesen Anreiz ständig, und als Christen akzeptieren wir diesen Ansporn himmlischer Belohnungen, doch es wird noch viele weitere Auszeichnungen geben, die ich nicht kenne.

„Wenn wir an Contergan-geschädigte Kinder denken, die ohne Gliedmaßen geboren wurden – wird die körperliche Auferstehung für sie bedeuten, dass ihr himmlischer Körper so aussieht wie ihr irdischer?"
Jesus trug die Wunden seiner Kreuzigung an seinem auferstandenen Körper. Der Körper des Herrn Jesus hatte nach seiner Auferstehung immer noch die Nägelmale, das ist zweifellos wahr. Sie dienten der Wiedererkennung, und gleichzeitig waren es auch Ehrenzeichen. Ich hoffe, dass sie in alle Ewigkeit bestehen bleiben. Diese Zeichen werden wir alle bewundern und verehren. Ich glaube, dass sie immer noch da sein werden, wenn er wiederkommt. Wir werden auf den blicken, der durchbohrt wurde.

Diese Narben hat Jesus im Dienst für Gott erworben. Auch Paulus spricht davon, dass er die Zeichen des Herrn Jesus am Körper trage: Erkennungszeichen, Peitschenstriemen, Wunden, die ihm zugefügt wurden, als er für sein Christsein gesteinigt und ausgepeitscht wurde. Ich glaube, und das ist meine persönliche Meinung, dass diese Merkmale, die wir im Dienst für den Herrn erwerben, bleiben werden, ohne Schmerzen, Behinderungen oder Unwohlsein, doch als Ehrenzeichen. Tatsächlich, wenn wir sie im Dienst am Herrn erhalten haben, sind es ehrenvolle Narben. Sie gehören vermutlich zur selben Kategorie wie die Nägelmale. Doch ich glaube auch, wie ich schon im Interview mit Matt sagte, dass unser Auferstehungskörper perfekt sein wird. Ich bin überzeugt, dass körperliche Behinderungen, die wir hier auf der Erde ohne eigenes Zutun hatten, im neuen Körper überwunden sein werden. Wir werden perfekt sehen und hören können. Unsere körperlichen Fähigkeiten werden vollkommen sein. Was also eine Behinderung betrifft, wie sie in der Frage angesprochen wurde, so glaube ich, dass sie überwunden sein wird.

Dann gab es noch eine Frage zu 1. Korinther 15,29 (LUT): „Was machen denn die, die sich für die Toten taufen lassen? Wenn die Toten gar nicht auferstehen, was lassen sie sich dann für sie taufen?" Was bedeutet das? Ich glaube nicht, dass Paulus sich hier auf eine christliche Praxis bezieht, sondern auf einen heidnischen Brauch. Er führt hier den Christen, genau wie unser Herr es getan hat, Heiden mit ihren Praktiken als ein Beispiel größeren Glaubens vor Augen. Er versucht, den Christen zu vermitteln, dass sie weniger Glauben an die Zukunft zeigen als Heiden, die eine Taufe stellvertretend für verstorbene Menschen praktizieren, sollten diese ungetauft gestorben sein. Aus diesem Grund wählt er seine Worte sorgfältig und sagte gerade nicht: Das bedeutet es, wenn ihr euch stellvertretend für die Toten taufen lasst, oder das bedeutet es gerade nicht. Er sagt: „Diese Bedeutung hat es für sie." Sie werden feststellen, dass er im Kontext dieser wenigen Verse über die heidnische Welt und ihre Haltung zum Tod und zur Auferstehung spricht. Damit sagt er: „Sie haben einen gewissen Glauben an die Zukunft, sonst würden sie nicht das tun, was sie praktizieren, und ihr leugnet die Auferstehung der Toten – ihr solltet wenigstens so viel Glauben haben wie die Heiden."

„Was geschieht mit Babys und kleinen Kindern nach dem Tod?"

Die Antwort lautet: Ich weiß es nicht, und die Bibel sagt auch nichts darüber. Alle möglichen Spekulationen sind darüber im Umlauf, und Christen haben darauf alle möglichen Antworten gegeben. Manche haben gewagt zu sagen, dass kleine Kinder in die Hölle kommen, wenn sie sterben. Andere behaupten, dass sie nicht dorthin kommen werden, wenn sie getauft worden sind. Vielmehr landen sie im *Limbus infantinum* (Limbus). Andere wiederum sagen, dass der Limbus für ungetaufte Babys reserviert ist, während der Himmel auf getaufte Babys wartet. Alle möglichen Ideen kursieren dazu. Manche sagen, alle Babys landen im Himmel, weil sie noch nicht gesündigt haben und daher unschuldig sind. Andere behaupten, alle Babys kämen in den Himmel, obwohl sie von Geburt an Sünde in sich trügen. Das Blut Christi bedecke sie jedoch.

Das sind alles nur Spekulationen. Das Einzige, was ich dazu sagen kann, ist, dass ich mir einer Sache sicher bin: Was auch immer Gott mit Babys und Kleinkindern tut, die sterben, er wird das Richtige tun. Ich kenne Gott gut genug, um ihm in dieser Frage zu vertrauen. Wenn eines meiner Kinder sterben sollte, würde ich Gott Folgendes sagen: „Aus einem Grund, der nur dir bekannt ist, hast du das zugelassen. Ich befehle dir mein Kind an, mit dem du tun darfst, was du für richtig hältst. Ich weiß: Wenn ich eines Tages erfahren werde, was du getan hast, werde ich erkennen, dass es genau richtig war." Glauben Sie an einen guten Gott, so gibt es keine andere Möglichkeit. Doch ich halte es für besser, darin Frieden zu finden, als spekulative Aussagen in die Welt zu setzen, die nicht von der Bibel gedeckt sind. Denn das würde Ihnen am Ende keinen tiefgreifenden Trost spenden.

„Während Ihrer Unterhaltung mit Mr. Matthews habe ich den Eindruck gewonnen, dass ein Christ keinen Selbstmord begehen könnte. Ist es möglich, dass ein Christ sich selbst umbringt?"
Die Antwort lautet, dass es sehr wohl möglich ist. Wenn wir extremem Druck ausgesetzt und entsprechend provoziert werden, könnte jeder von uns es tun. Wahrscheinlich haben die meisten von uns schon manchmal festgestellt, dass unser Verstand mit diesem Gedanken gespielt hat. Gleichzeitig bin ich überzeugt: Ein Christ hat mehr gute Gründe als jeder andere, so etwas nicht zu tun. Denn dadurch würden wir Gott und uns selbst etwas rauben, das er uns geschenkt hat, um ihn dadurch

zu verherrlichen. Ein Christ weiß, dass ein solches Verhalten überhaupt keinen Ausweg darstellt und beim Kommen Jesu zu Scham und Verlegenheit führen wird. „Warum hast du mir das Leben weggenommen, dass ich dir gegeben hatte, um mich zu verherrlichen?" Ein Christ hat unzählige weitere Gründe, um einen solchen Schritt nicht in Erwägung zu ziehen.

Zudem würde ein Christ, der zu einer christlichen Gemeinde gehört, sicherlich schon lange, bevor er diesen Punkt erreicht, diese Belastung einem anderen Christen mitteilen und jemanden finden, der ihm helfen könnte, mit dem fertig zu werden, was ihm ein solches Leid verursacht. Es ist dennoch möglich, aber ich halte es statistisch gesehen für höchst unwahrscheinlich. Tatsächlich hat der Herr seine eigenen Methoden, uns Gnade und Mut zu schenken, damit wir uns dem stellen können, was für uns zu viel ist. Gleichzeitig möchte ich nicht den Eindruck vermitteln, dass es unmöglich sei, sondern dem Fragesteller und allen anderen versichern, dass der Herr die richtige Adresse für dieses Problem ist, lange bevor dieses Stadium erreicht wird, und dass andere Christen helfen können. Die Samariter haben sich, wie Sie wissen, genau dieser Aufgabe verschrieben, nämlich Menschen zu helfen, die das Gefühl haben, es gebe keinen anderen Ausweg mehr für ihre Probleme als diesen.

„Wird es im Himmel keine Familien geben?"
Die Antwort lautet: Es wird nur eine Familie geben. Irdische Familienkreise werden als solche im Himmel nicht weiterbestehen. Das ist die Bedeutung der Worte, die unser Herr zu den Sadduzäern sprach. Sie fragen ihn, welcher der rechtmäßige Ehemann sein würde. Es wäre doch ein komischer Haushalt mit sieben Ehemännern und einer Frau, unendliche Streitereien wären vorprogrammiert. Das war es, was sie sagten. Sie versuchten, Jesus eine Falle zu stellen, denn sie glaubten nicht, dass man den Tod überleben und in den Himmel kommen würde. Sie versuchten, den Himmel lächerlich zu machen.

Menschen, die nicht an ein Leben nach dem Tod glauben, bemühen sich genau darum. Doch Jesus machte es sehr deutlich: Irdische Familienbande gibt es nur im Diesseits.

Kürzlich hat mich jemand gefragt: „Wie könnte ich im Himmel glücklich sein, wenn meine Familie in der Hölle ist?" Die Antwort lautet: Ihre ganze Familie wird im Himmel sein, die einzige Familie, die Sie dann haben werden. Ihre Glaubensgeschwister werden dort ihre Familie sein. Während unseres irdischen Lebens tragen wir eine starke Verantwortung für unsere Verwandten. Möglicherweise sind wir die einzige Person, die ihnen helfen kann. Hier auf der Erde sollten wir mit allen unseren Angehörigen in Verbindung bleiben, doch im Himmel wird es nur eine Familie geben. Im Himmel werden meine Frau und ich wie Bruder und Schwester sein, was auch für das Verhältnis zu allen anderen dort gilt; eine Familie mit einem älteren Bruder, Jesus Christus, und einem Vater, so wird das Verwandtschaftsverhältnis aussehen.

Ich stelle fest, dass ich sogar hier auf der Erde beginne, so zu denken. Meinen Glaubensgeschwistern fühle ich mich so viel stärker verbunden als manchen meiner irdischen Angehörigen. Geht es Ihnen nicht auch so? Verstärkt sich diese Tendenz immer mehr, bis sie das Stadium der Vollkommenheit erreicht hat, dann haben wir ein Bild der Familie im Himmel. Ich finde es etwas befremdlich, wenn Menschen mir sagen, dass sie sich mehr auf den Himmel freuen, da sie dort einen Ehepartner oder Verwandten wiedersehen werden, den sie geliebt und verloren haben, als dass sie sich auf die Begegnung mit Jesus freuen. In dieser Gnade müssen wir, meiner Ansicht nach, wachsen, dass wir uns am meisten auf Jesus freuen, mehr als auf irgendjemand anderen; gleichzeitig werden die Angehörigen, denen wir begegnen, Brüder und Schwestern ihn ihm sein: eine Familie.

„Offensichtlich waren die Jünger von der Reinkarnation, wie sie auch heutzutage populär ist, überzeugt. Sonst hätten sie

nicht gefragt, ob ein Mann wegen seiner eigenen Sünde blind geboren werden könnte. Warum hat Jesus diese Vorstellung nicht kategorisch abgelehnt, wie er es mit anderen Irrlehren, beispielsweise der Leugnung der Auferstehung durch die Sadduzäer, tat?"

Ich bin mir nicht sicher, auf welchen Bibeltext sich diese Frage bezieht. Falls es sich um die Geschichte des Blindgeborenen im Johannesevangelium handelt, so hat Jesus ihre falsche Vorstellung sehr wohl kategorisch abgelehnt. Doch ich glaube nicht, dass es dabei um die Reinkarnation ging. Sie fragten, ob der Mann aufgrund seiner eigenen Sünde oder der seiner Eltern blind war. Tatsächlich ist Blindheit im Nahen Osten eine sehr häufige Krankheit. Oft wird sie durch mangelnde Hygiene verursacht, doch genauso oft durch Krankheiten, die das Ergebnis elterlicher Sünden sind. In unserem Land kommt das seltener vor.

Sie fragten nach den Auswirkungen der Sünde auf die nächste Generation, doch es ging ihnen nicht um Reinkarnation. Ich bin auf keinerlei Hinweise gestoßen, dass die Jünger an Reinkarnation geglaubt hätten. Ganz sicher war das zur damaligen Zeit eine beliebte Vorstellung. Denn als Jesus seine Jünger fragte: „Wer sagen die Menschen, dass ich sei?", antworteten sie: „Manche glauben, du bist Elia, der zurückgekehrt ist; andere halten dich für Johannes den Täufer." Das wäre dann Reinkarnation gewesen, doch natürlich ging es in Wahrheit um die Inkarnation. Jesus lehnte also die Ansicht kategorisch ab, dass die Blindheit eines Menschen immer auf seine Sünde zurückzuführen sei, und er verneinte es in diesem konkreten Fall. Vielmehr lehrte er seine Jünger, diese Frage aus einem ganz anderen Blickwinkel zu betrachten.

„Was bedeute der ‚zweite Tod' in Offenbarung 20,14?"

Damit ist der Tod sowohl des Körpers als auch der Seele gemeint. Dabei müssen wir verstehen, dass Tod in der Bibel nicht bedeutet, zu verschwinden. Es geht nicht um Vernichtung oder Auslöschung. Vielmehr ist ein Zustand gemeint, in dem Sie nicht länger mit dem verbunden sind, was Ihnen Leben gibt. Stirbt der Körper, so hat die Person nicht aufgehört zu existieren, doch körperlich gesehen ist sie nicht mehr mit dem verbunden, was ihr physisches Leben gespendet hat – nicht nur atmendes Leben, sondern Leben mit allen seinen Interessen und Möglichkeiten. Stirbt jemand, so ist er nicht mehr in Verbindung mit dem, was ihm irdisches Leben gegeben hat. Der zweite Tod tritt ein, wenn eine Person von allem abgeschnitten wird, was ihr himmlisches Leben schenkt. Das ist eine quälende und schreckliche Erfahrung, viel schlimmer als der erste Tod. Ihr müssen sich Menschen, die das Evangelium Christi ablehnen, am Ende stellen. Kennen Sie folgenden Spruch, der mit der vorangegangenen Frage in Zusammenhang steht? „Wird ein Mensch zweimal geboren, stirbt er nur einmal; wird er nur einmal geboren, stirbt er zweimal." Das ist eine Zusammenfassung des Evangeliums.

„Womit beschäftigen sich Seelen in der Hölle?"
Das kann ich Ihnen im Detail nicht sagen; ich glaube, man kann sagen, dass sie leiden werden. Wobei das Leiden eindeutig mentales Bedauern und die Erinnerung von Chancen beinhaltet, die für immer vorbei sind. So hat Jesus es gesagt. Mehr kann ich dem nicht hinzufügen.

„Können Seelen die Hölle wieder verlassen?"
Nach meinem Bibelverständnis nein.

„Was beabsichtigt Gott damit, die Bewohner der Hölle am Leben zu erhalten?"
Im Grunde genommen geht es um Vergeltung, um Gerechtigkeit und um Strafe.

Lehnen wir den Gedanken an Vergeltung ab und gehen davon aus, dass jegliche Bestrafung falsch sei, dann haben wir ein echtes Problem. Ich weiß, dass diese Frage problematisch ist, und ich behaupte nicht, dass ich es leicht finde, darauf eine Antwort zu geben, doch das ist sicherlich der Zweck. Es geht nicht darum, diese Menschen zu bessern, denn sie befinden sich jenseits jeglicher Besserung. Auch Abschreckung ist nicht das Ziel, da die Möglichkeit, etwas zu wählen, vorbei ist. Folglich müssen wir von den drei Zielen der Bestrafung, nämlich Abschreckung, Besserung und Vergeltung, zwei gleich wieder streichen. Daher bleibt uns als einziges nur noch das dritte.

„Wer an Christus glaubt, hat ewiges Leben. Das bedeutet doch sicherlich, dass Ungläubige in der Hölle kein ewiges Leben haben können, sondern zerstört werden."
Das Wort „ewig" beschreibt nicht nur Quantität, sondern auch Qualität. Es bedeutet beides, nicht nur ewigandauernd, sondern auch echtes, überfließendes Leben. Daher haben Sie jetzt schon ewiges Leben empfangen, sobald Sie an Jesus glauben. Tatsächlich haben Sie nun ein Leben geschenkt bekommen, dass in alle Ewigkeit weitergehen wird. Sie haben eine Beziehung zu Gott, die für immer andauern kann, doch es geht um ein Leben von besonderer Qualität, und dieses Wort „ewig" beschreibt die Qualität des Lebens. Es gibt in der Bibel so etwas wie einen ewigen Tod, und wie ich bereits gesagt habe, ist Tod ein Zustand, nicht so sehr das Aufhören des Seins, sondern vielmehr ein Ruiniert-Sein. Das Wort „verderben" beschreibt genau dasselbe, was der Fragesteller hier mit „zerstört werden" meint.

„‚Glaube ohne Werke ist tot.' ‚Glaube ohne Werke rechtfertigt.' Das sind Zitate aus dem Jakobus- und dem Römerbrief. Römer 7,25: ‚Mit meinem Denken und Sehnen folge ich zwar dem Gesetz Gottes, mit meinen Taten aber dem Gesetz der Sünde.' Wenn die Hölle ein Ort ewiger Qual ist, wird man einfach nur durch ein gedankliches Annehmen Christi gerettet, nur durch Glauben, oder sind

Werke erforderlich?"

Darüber könnte ich eine ganze Predigt halten, da dieses Thema so wichtig ist. Was meint Jakobus mit Glauben und was mit Werken? Was meint Paulus? Mit Werken meinen sie zwei unterschiedliche Dinge. Wenn Sie das nicht erkennen, verstehen Sie das Ganze total falsch.

Jakobus sagt hier nicht: „Glaube ohne gute Werke ist tot." Er schreibt vielmehr: „Glaube ohne aktives Handeln ist tot." Das ist etwas ganz anderes. Mit Glauben und Werken meint er Glauben, der auf Grundlage dessen, was er für wahr hält, auch handelt. Er gibt uns zwei Beispiele: Abraham opferte beinahe Isaak, was ganz sicher kein gutes Werk zugunsten eines anderen war; und die Hure Rahab nahm die Kundschafter in Jericho auf. Jakobus sagt damit: „Wenn Glaube nur aus einem mentalen Abnicken besteht, wir aber nicht aktiv werden, dann ist es kein Glaube."

Aus diesem Grund spielten meine Kinder immer ein Spiel mit mir. Sie stiegen drei oder vier Treppenstufen hinauf und sagten: „Papi, lass uns Glauben spielen." Dann stellte ich mich an den Anfang der Treppe mit meinen Händen hinter dem Rücken, und sie sprangen los, um herauszufinden, ob ich sie auffangen würde. Ein ziemliches grausames Spiel, oder? Natürlich habe ich sie immer aufgefangen, meine Hände schnellten nach vorne und packten sie. Doch das Entscheidende war, dass sie losspringen mussten, bevor ich meine Hände ausstreckte. Das ist Glaube. Es fand einmal ein Gebetstreffen für Regen statt, und ein kleines Mädchen nahm seinen Regenschirm mit. Das war Glaube. Glaube, der nicht handelt, ist tot.

Mit anderen Worten: Glaube ist etwas, dass Sie mit Ihrem Willen tun. Auch das Begreifen mit Ihrem Verstand gehört dazu. Und Gefühle des Herzens können ebenfalls beteiligt sein, doch im Grunde genommen ist Glaube eine aktive Handlung. Sie setzen auf Gott, was Ihre Zukunft betrifft. Sie werfen sich ihm entgegen. Sie sagen: „Gott, ich lege einfach mein Leben in deine Hände. Das ist ein Risiko, doch ich tue es in dem Glauben, dass du mich auffangen und retten wirst." Das ist wahrer Glaube, und Jakobus erklärt: „Glaube ohne diese Art von Handeln ist nutzlos", denn auch die Teufel glauben mit ihrem Verstand, dass Gott existiert, doch sie handeln nicht danach.

Wenn Paulus über Glauben ohne Werke spricht, dann meint er die Werke des Gesetzes, gute Taten, das Halten der Zehn Gebote. Er spricht damit von etwas ganz Anderem. Er sagt, dass allein der Glaube und nicht der Versuch, gut zu sein, uns rettet. Er hätte Jakobus zugestimmt, dass der Glaube aktiv sein muss, und er schreibt später auch noch, dass wahrer Glaube sich in Liebe und guten Werken zeigt. Doch er ist sehr sorgfältig darauf bedacht, uns vor dem weitverbreiteten Missverständnis zu bewahren, dass wir durch gute Werke in den Himmel kommen würden. Es ist sehr wichtig, dass wir das richtig verstehen. „Glaube ohne aktives Handeln ist tot." Wird der Glaube aktiv, so führt er früher oder später auch zu guten Werken. Allerdings werden wir nicht durch diese guten Werke, die Werke des Gesetzes, gerettet.

„1. Timotheus 1,20: ‚… dem Satan ausgeliefert, damit sie zur Besinnung kommen und Gott durch ihre falschen Lehren nicht länger verhöhnen.' Hat das in irgendeiner Wese etwas mit der Hölle zu tun?"
Nein, es geht um den Glauben, dass Satan die Macht hat, Krankheit und Tod über eine Person zu bringen, die ihm ausgeliefert wird. Das ist ein anderes Thema, das jedoch nichts mit der Hölle zu tun hat.

„Gibt es nicht einen Zusammenhang zwischen Lukas 12,5: ‚Fürchtet den, der, nachdem er getötet hat, Macht hat, in die Hölle zu werfen' und Hebräer 2.14: ‚… auf dass er durch den Tod die Macht nähme dem, der Gewalt über den Tod hatte, nämlich dem Teufel'?"
Ich vermute, es geht es hier um die Frage, ob ich Unrecht hatte mit meiner Aussage, dass es gerade nicht der Teufel ist, der

Körper und Seele in der Hölle zerstört.

Ich glaube nicht, dass ich hier falsch liege. Lukas 12 bezieht sich auf Gott, denn zu denen, die in der Hölle zerstört werden, gehört der Teufel. Es entspricht nicht der Wahrheit, dass der Teufel die Hölle beherrschen und dort Menschen bestrafen würde. Gott kontrolliert die Hölle. Die Bibel sagt niemals: „Jetzt wird jemand in die Hölle des Teufels geworfen." Vielmehr heißt es: „Jemand wird mit dem Teufel in die Hölle geworfen." Der Teufel ist nur einer unter vielen. Er ist für diesen Ort nicht zuständig. Er bestraft nicht, sondern gehört selbst zu den Bestraften, und meiner Ansicht nach ist es sehr wichtig, diese Unterscheidung beizubehalten. Hebräer 2 handelt von Jesus, der den zerstört, der Gewalt über den Tod hatte, den Teufel. Natürlich hat Jesus schon seine Macht zerstört und kann bereits Menschen aus der Knechtschaft der Todesfurcht befreien. Denn die Menschen wissen, dass der Tod sie zu Christus bringt und gerade nicht zum Teufel. Daher ist das Eintreten des Todes in gewisser Weise eine Hilfe und kein Hindernis auf meiner geistlichen Reise. Er ist nicht länger mein Feind.

„Wie waren die auferstandenen Körper von Lazarus und der Tochter des Jairus beschaffen? Wie Jesus oder anders?"
Die Antwort lautet: Sie waren nicht so beschaffen wie der Auferstehungsleib Jesu. Ihre Körper alterten immer noch, starben wieder und wurden ins Grab gelegt. Tatsächlich waren ihre Körper in einem Zustand, den ich als „wiederbelebt" bezeichnen würde: die Art von Wiederbelebung, die heutzutage im OP passiert, wenn jemand nach einem kurzen Herzstillstand wieder ins Leben zurückgebracht wird. Diese Person wird in ihren sterblichen Körper zurückgeholt, der wieder Krankheit, Müdigkeit, Erschöpfung, Alter und Tod unterworfen ist. Allerdings war der Körper Jesu anders beschaffen. Er war der erste, der den neuen Auferstehungskörper bekam, der unsterblich ist. Doch die Körper von Lazarus und der Tochter des Jairus unterschieden sich davon.

„Wenn man stirbt, landet man dann sofort vor Gericht?"
Nein. Man muss wie alle anderen auch auf den Tag das Jüngsten Gerichts warten.

„Wenn jemand, der früher einmal Christ war, ungläubig stirbt, was geschieht dann?"
Jemand, der früher einmal Christ war, stirbt ungläubig. Hier gibt es ein Problem. Die Indizien im Neuen Testament zur Frage: „Kann man wieder aufhören, Christ zu sein, nachdem man sich einmal für Christus entschieden hat?" deuten mit 95-prozentiger Wahrscheinlichkeit auf ein „Nein" hin. Sind Sie einmal gerettet worden, so sind Sie für immer gerettet.

Ich spreche von 95 Prozent, da es einige Abschnitte, insbesondere in den Kapiteln 6 und 10 des Hebräerbriefs sowie an ein oder zwei anderen Stellen gibt, die auf die Möglichkeit der sogenannten Sünde des Glaubensabfalls hindeuten: Wenn Sie einmal Christus angenommen haben und später vehement entweder leugnen, dass Christus der Sohn Gottes oder der Retter ist oder dass sein Blut Sünden abwaschen kann – kurzum, wenn Sie das gesamte Evangelium völlig verwerfen. Es gibt Bibelstellen, die Folgendes zu sagen scheinen: Wenn Sie einen Punkt erreichen, an dem Sie Christus absolut verleugnen und behaupten, er sei weder Gottes Sohn noch der Retter und rette niemanden vor der Hölle, dann könnte es sich um eine Sünde zum Tode handeln. So bezeichnet sie der Apostel Johannes. Die Wahrscheinlichkeit beträgt 5 Prozent, und ich würde 95 Prozent meiner Zeit darauf verwenden, die 95 Prozent zu predigen. Das ist meine Tendenz. Doch es gibt einen sehr großen Unterschied zwischen dieser Sünde zum Tode und einem Christen, der sich allmählich vom Glauben entfernt, ihn offensichtlich verliert und in Sünde fällt, gleichzeitig aber immer noch glaubt, dass Jesus der Retter ist, der für ihn gestorben ist, sich jedoch nicht länger zugehörig fühlt. Das ist etwas völlig anderes, nämlich der Rückfall in das alte Leben, was vielen Menschen passiert.

Weitere Fragen

In seiner wunderbaren Gnade hat Gott seine eigene Methode, solche Menschen wieder zu sich zu ziehen, manchmal lange vor ihrem Tod. Das ist etwas völlig anderes. Ein Rückfälliger ist nicht jemand, der die Sünde des Glaubensabfalls begeht. Sie besteht nämlich darin, die Wahrheit des Evangeliums zu leugnen, sodass man quasi den Sohn Gottes erneut kreuzigt und sich von der einzigen Wahrheit abschneidet, die einen retten kann. Sich von der Wahrheit zu entfernen, während man immer noch weiß, dass sie zutrifft, ist eine Sache. Die Wahrheit des Evangeliums jedoch zu leugnen ist etwas anderes, und ich würde behaupten, dass es viele Christen gibt, die in einem Zustand sterben, in dem sie sich von Christus entfernt haben. Die Antwort lautet also, dass sie bei Christus sein werden. Es wird ihnen peinlich sein, wenn sie ihm begegnen, dass sie von ihm abgekommen sind, doch sie werden bei ihm sein. Er lässt uns nicht so einfach los. Ich halte es für eine Warnung an uns alle, dass einer der zwölf Apostel Judas war, der an seinen eigenen Ort ging. Doch Jesus sagte: „Ich habe sie bewahrt", und er ist es, der uns behütet, nicht umgekehrt. „Niemand wird sie aus meiner Hand reißen", sagte er. Darauf liegt der Schwerpunkt.

„Haben die Menschen zur Zeit Noahs tatsächlich eine zweite Chance erhalten, als Jesus im Hades zu ihnen predigte?"
Das weiß ich nicht. Er predigte ihnen, und ich vermute, er hätte seine Zeit nicht mit Predigen verschwendet, wenn keine Resultate möglich waren. Doch ich kann hier nur spekulieren. Ich glaube, sie bekamen eine zweite Chance, doch sie sind die einzigen Menschen, von denen die Bibel sagt, dass sie diese Möglichkeit bekamen.

„Eines Tages werden wir uns darüber freuen, mit unseren Lieben im Himmel zu sein. Wird diese Freude gedämpft oder verdorben, wenn ein Angehöriger nicht dort ist?"
Das habe ich bereits beantwortet. Alle Ihre Lieben werden dort sein.

„Wenn wir im nächsten Leben einen Körper haben, werden wir dann Gott sehen, der Geist ist, oder nur Jesus?"
Meine Antwort lautet, dass es genug Bibelstellen gibt, die uns vermitteln, dass wir Gott sehen werden. „Glücklich sind, die ein reines Herz haben, denn sie werden Gott sehen" (Matthäus 5,8). Wir werden aufgefordert, nach Heiligung zu streben, ohne die niemand den Herrn sehen wird. Immer wieder begegnet uns diese Verheißung, dass wir eines Tages Gott erkennen werden, so wie er uns erkannt hat.

Eines Tages werden wir nicht mehr wie in einem trüben Spiegel ein undeutliches Bild sehen, sondern Gott von Angesicht zu Angesicht erblicken. Die Spiegel, in denen ich Gott momentan erkenne, sind folgende: Ich sehe Gott im Spiegel der Natur, was allerdings nur ein matter Abglanz seiner Kraft und Gottheit ist. Ich sehe Gott in der Bibel, doch auch das ist nur ein trüber Widerschein, selbst wenn er klarer ist als die Natur. Ich erkenne Gott in den Gesichtern der Heiligen, aber auch das ist nur eine Reflektion wie von einem trüben Spiegel. Eines Tages jedoch werden wir uns von den Spiegeln abwenden und ihn von Angesicht zu Angesicht sehen. Niemand hat Gott je gesehen, so sagt es die Bibel. Nur Jesus hat ihn angeschaut und uns versprochen, dass auch wir es tun werden. Ich weiß nicht, wie Körper einen Geist sehen können, doch ich glaube, Gott kann auch das bewerkstelligen.

„Wenn Jesus nach seinem Tod in die Hölle hinabstieg, bedeutet das nicht, dass es für die Menschen dort immer noch Hoffnung geben muss? So viele Menschen glaubten an ihn, haben ihn jedoch nicht wortreich um Vergebung gebeten oder ihm ihr Leben anvertraut. Vielleicht gibt es immer noch Hoffnung für sie."
Das sind zwei verschiedene Fragen. Zur ersten Frage: Ich glaube nicht, dass Jesus nach seinem Tod in die Hölle hinabgestiegen ist. Ich bin überzeugt, dass er in den Hades ging. Dabei handelt

es sich um etwas anderes, einen anderen Ort oder einen anderen Zustand. Das Wort Hades bezieht sich auf die Welt der durch den Tod vom Körper getrennten Geister. Daher habe ich nicht gesagt, dass Jesus in die Hölle hinabstieg. Ich weiß, dass eine moderne englische Version des Apostolischen Glaubensbekenntnisses das sagt, doch das Original hatte schon immer einen anderen Wortlaut. Es heißt dort: „Hinabgestiegen in das Reich des Todes" (Hades). Es gab für die Menschen, die zur Zeit Noahs ertranken, Hoffnung, das lese ich in 1. Petrus 3, doch es gibt keinen weiteren Bibeltext, der erklären würde, dass es Hoffnung für irgendjemand anderen gibt. Daher wage ich nicht, eine solche Hoffnung anzubieten.

In der Frage heißt es, dass so viele Menschen an ihn glaubten, jedoch nicht wortreich um Vergebung baten. An ihn zu glauben bedeutet nicht einfach nur zu glauben, dass er existiert oder zu glauben, dass es eine Person namens Jesus gibt, sondern an ihn als persönlichen Retter zu glauben. Ob Sie die richtigen Worte verwenden oder nicht, er versteht, ob Sie an ihn als Ihren Retter glauben, und jeder andere Glaube an ihn ist kein wirklicher Glaube. Der Teufel glaubt an Jesus in dem Sinne, dass er weiß, dass es eine Person namens Jesus gibt, die für die Sünden der Welt gestorben und auferstanden ist. Satan weiß das sehr wohl, doch unter Glauben verstehe ich etwas anderes. Selbst wenn wir nicht die richtigen Worte gebraucht haben, jedoch zu ihm als unserem Retter gekommen sind, dann bin ich mir einer Sache sehr sicher: Wir brauchen keine zweite Chance, weil wir gerettet sind.

„Wenn das zutrifft, deutet es nicht auf eine zweite Chance für die Verstorbenen hin, für die sich andere haben taufen lassen?"
Mit seinem Verweis auf Menschen, die sich für die Toten taufen lassen, bezieht Paulus sich auf ein heidnisches Ritual, nicht auf ein christliches. Er verwendet dieses Argument gegen die Christen. Paulus sagt, dass die Heiden an ein Leben nach dem Tod glauben, sonst würden sie sich nicht für die Toten taufen

lassen. Ihr als Christen solltet umso mehr daran glauben, doch ihr tut es nicht. Er argumentiert nicht für eine stellvertretende Taufe der Toten, womit auch die Frage nach der zweiten Chance mit nein beantwortet ist.

Ich finde es interessant, dass manche Kirchgänger meinen, es sollte zweite Chancen geben. Die Bibel ist anderer Meinung. Sie sieht dieses Leben als eine angemessene Möglichkeit, auf das Licht zu reagieren. Wir sollten vorsichtig sein, wenn wir anfangen, so zu denken.

„Wenn der Universalismus dem freien Willen widerspricht, trifft das nicht ebenso auf die Lehre von der Erbsünde zu? Schließlich beinhaltet sie doch, dass der Wille jedes Menschen von Geburt an von der Sünde versklavt ist und wir daher nicht wirklich frei sind."

Das kann ich nicht in einer Minute beantworten. Es geht um die große Frage der Vorherbestimmung und des freien Willens – und ich habe noch niemanden getroffen, der das schnell abhandeln könnte. Sagen wir es einmal so: Die Bibel lehrt sowohl göttliche Souveränität oder Vorherbestimmung, wenn Sie so wollen, als auch menschliche Verantwortung oder freien Willen. Beide werden gelehrt, daher glaube ich an beide. Ich glaube, dass es göttliche Souveränität und menschliche Verantwortung gibt. Ich glaube, die Menschen, die entweder an das eine oder an das andere glauben, würden am liebsten die Bibel umschreiben. Ich glaube an beides. Ich finde es schwierig, sie logisch zusammenzubringen, doch gleichzeitig bin ich bereit zu glauben, dass mein Verstand nicht groß genug ist, um das zu tun. Meine Aufgabe besteht darin, an beide zu glauben und beide zu predigen.

Die Erbsünde ist nicht dasselbe wie göttliche Souveränität. Die Bibel lehrt dieses Konzept ganz simpel, indem sie sagt, dass wir moralisch gesehen nicht neutral geboren werden und dann entweder gut oder schlecht werden. „Bei unserer Geburt kommen wir mit einer schlechten Wesensart auf die Welt." Die Bibel macht sehr deutlich, dass wir so geboren werden. Es ist leichter, moralisch abzusinken statt aufzusteigen. Wir lernen das Wort „Nein", bevor wir das Wort „Ja" kennen. Wenn Sie Kinder haben, wissen Sie, dass dies stimmt. Sie glauben nicht wirklich an die Erbsünde, bis Sie Kinder bekommen, doch dann wird sie deutlich erkennbar. Sie sticht wirklich hervor, und Sie fragen sich: „Wo haben sie diesen Charakter nur her? Er muss von deiner Seite kommen, Liebling." Doch er manifestiert sich und ist von Geburt an da.

Die Frage lautet: „Wenn ich so geboren wurde, wie kann ich dann dafür verantwortlich sein?" Ich weiß nicht wie, doch ich weiß, dass ich es bin. Nochmal, die Bibel lehrt uns, dass wir so geboren werden, und sie lehrt auch, dass Gott uns für unser Verhalten zur Verantwortung zieht. Ich kann das nicht logisch erklären, doch ich weiß, dass es stimmt. Ein Mann in der Royal Air Force sagte einmal zu mir: „Pater, wenn Sie aus der Familie stammen würden, aus der ich komme, und so erzogen worden wären wie ich, würden Sie sich genauso verhalten wie ich." Ich sagte: „Das stimmt wahrscheinlich, doch ich würde mich immer noch dafür schämen, genauso wie Sie es offensichtlich tun." Und das stimmte. Sie schämen sich nicht für etwas, für das Sie nicht verantwortlich sind. Irgendwie gehören diese beiden Dinge zusammen.

„Können wir im Himmel glücklich sein, wenn wir wissen, dass unsere Lieben in der Hölle sind?"
Das habe ich schon beantwortet, als ich sagte, dass im Himmel alle, die zu Gott gehören, unsere Verwandten sein werden. Sie alle werden dort sein.

Haben Sie die Erfahrung gemacht, dass eine noch nicht bekehrte Person, die Christus sucht, die Frage der Hölle thematisiert?

Ein paar wenige tun das, allerdings nur sehr wenige; ich bin ein oder zwei Personen begegnet. Das Komische ist, dass die Menschen, die davon wissen, sich am meisten Sorgen um die machen, die es noch nicht tun. Gerade die Christen, die an den Himmel glauben, haben die meisten Fragen zur Hölle. Komischerweise hat ein Mann, der sein Leben gründlich ruiniert, kaum Schwierigkeiten damit, an die Hölle zu glauben. Jemand, der weiß, dass er Falsches tut, scheint ebenfalls kaum Probleme damit zu haben. Daher kann ich diese Frage nur so beantworten, dass es manchmal, aber nicht sehr oft geschieht. Die meisten Fragen kommen von Christen.

„Sprechen Sie dieses Thema mit einer solchen Person jemals an?"
Das hängt davon ab, was das Wort Hölle für diese Person bedeutet. Ich will wissen, was für ein Bild von der Hölle sie hat, wenn ich das Wort verwende. Ganz sicher würde ich diesem Menschen vermitteln wollen, dass Gott gesagt hat, dass wir ernten, was wir säen, und dass es einen Tag der Vergeltung gibt, an dem wir Rechenschaft ablegen müssen. Ich würde eher dieses Konzept einführen als das Wort Hölle, das eine falsche Assoziation hervorrufen könnte.

„Stimmt es, dass im Tod alle Geister in den Hades gehen, der aufgeteilt ist in das Paradies für Christen und das Gefängnis für die Ungläubigen? Wenn ja, dann geschieht die Trennung zwischen Schafen und Ziegen im Zeitpunkt des Todes und nicht am Tag des Gerichts."
Nein, denn die Trennung der Schafe von den Ziegen erfolgt vor dem Erreichen des endgültigen Bestimmungsorts des Himmels oder der Hölle, wenn Sie das Gleichnis sorgfältig lesen. Ich stimme Ihnen zu, dass es einen bestimmten Grad der Trennung bereits gibt, doch das Paradies ist nicht das vollständige ewige Königreich, das den Christen versprochen ist, genauso wenig

wie das Gefängnis die Hölle darstellt. Zunächst einmal sind der Teufel und seine Engel nicht im Hades. Sie werden in der Hölle sein, und es gibt mehrere Unterschiede zwischen dem zweiten und dritten Stadium im Leben nach dem Tod. Ein gewisses Maß an Trennung besteht schon, doch es ist noch nicht die endgültige Trennung zwischen Schafen und Ziegen.

„Wenn Christus für uns durch die Hölle gegangen ist und Gott Sünde und Hölle nicht anschauen kann, wie konnte er dann Christus aus der Hölle herausholen?"
Es stecken mehrere Annahmen in dieser Frage, um die ich mich zuerst kümmern muss. Christus ging durch die Hölle, doch damit meine ich nicht den Ort selbst, sondern die Erfahrung. Er war der einzige Mann, der die Hölle in diesem Leben durchgemacht hat. Als er am Kreuz hing und Gott nicht bei ihm war, ging er für uns durch die Hölle. Das glaube ich. Er ging nicht nach seinem Tod durch die Hölle, sondern davor, in der Dunkelheit und Gottverlassenheit. Gott, der Vater, hob Christus aus dem Hades heraus, nicht aus der Hölle. Jesus starb, fuhr in den Hades hinab und wurde am dritten Tag von dort aus auferweckt.

„Gibt es irgendeinen Trost für einen Christen, der ziemlich sicher ist, dass andere Mitglieder seiner Familie, die ihm lieb und teuer sind, in die Hölle kommen werden oder schon dorthin gekommen sind?"
Das ist eine sehr lebensnahe und tiefgehende Frage. Der erste Trost besteht darin, dass Gott immer das tun wird, was für Ihre Lieben absolut richtig und fair ist. Der zweite Trost ist, dass immer die Möglichkeit besteht, dass sie an Gott glaubten, selbst wenn Sie es nicht wussten. Ich bin überzeugt, dass dies schon öfter geschehen ist, daher werden wir im Himmel ein paar Überraschungen erleben. Meiner Ansicht nach sollte diese sehr aufrichtige Frage dazu führen, dass wir uns umso mehr um unsere Familienangehörigen kümmern, bevor diese sterben. Wir

haben jetzt Möglichkeiten, die wir nutzen sollten, ohne ihnen etwas aufzuzwingen, sie zu vergraulen oder es zu übertreiben. Doch wir sollten dieses Anliegen haben.

„Ist das Schlimmste an der Hölle die Qual, dass der Sünder sich nach Gott sehnt, ihn jedoch nicht erreichen kann, oder der Feuersee, der möglicherweise symbolisch zu verstehen ist?"
Ich weiß nicht, was das Schlimmste an der Hölle ist. Ich weiß nur, dass es dort schrecklich sein wird. Ich glaube, die Sehnsucht nach Gott wird es dort wahrscheinlich nicht geben, denn offen gesagt, wenn eine Person sich nach Gott sehnt, hätte das während ihres Lebens begonnen. Eine der Konsequenzen der Sünde ist es, dass sie Ihr Verlangen nach Gott mindert, bis es überhaupt nicht mehr vorhanden ist. Ich vermute eher, dass die Hölle darin besteht, dass es kein Verlangen nach Gott und keine Gegenwart Gottes gibt. Vielleicht sehnt man sich nach dem Himmel, was jedoch etwas anderes ist.

Als ich kürzlich mit einem Mann über Himmel und Hölle sprach, bat er mich: „Erzählen Sie mir vom Himmel." Diese Informationen werde ich Ihnen gleich mitteilen. Als ich ihm den Himmel erklärt hatte, sagte er: „Wissen Sie, das wäre für mich die Hölle. Wirklich. Ich kann mir nichts Schlimmeres vorstellen, als mit vielen Christen gemeinsam in alle Ewigkeit Kirchenlieder zu singen." Er sagte tatsächlich, das wäre die Hölle. Offengesagt müssen wir uns klarmachen, dass die Sünde den Appetit auf den Himmel beseitigt – und eines der schrecklichsten Dinge in der Hölle könnte sein, dass die Menschen den Himmel nicht wollen. Ich weiß es nicht. Ich spekuliere nur, doch ich weiß nicht, was von beiden schlimmer wäre.

„Vor Jesus müssen einmal alle auf die Knie fallen" – Philipper 2,10. Bedeutet es, dass nach dem Tag des Jüngsten Gerichts sich sogar die Gottlosen Christus unterordnen und ihn als

Herrn anerkennen werden?"
Nein, das bedeutet es nicht, sondern es geht um Folgendes: Wenn alle ihn sehen, werden sie ihn als Herrn anerkennen. Allerdings steht dort nicht, dass sie ihn als den Retter bezeichnen werden. Selbst der Teufel und die Dämonen werden anerkennen, dass Jesus der Herr ist, was bedeutet, dass er König ist, dass er der „Boss" ist, der Meister. Worauf er jedoch wartet ist, dass man ihn Retter nennt. Ihn als Herrn zu bezeichnen ist etwas anderes.

„Werden unzurechnungsfähige Menschen in den Himmel kommen und dort zurechnungsfähig sein?"
Das weiß ich nicht. Ich muss diese Menschen und diese Frage Gott überlassen. Noch einmal, ich kenne Gott gut genug, um ihm zu vertrauen, dass er das tun wird, was für sie am besten ist. Wenn wir älter werden, stellen viele von uns fest, dass unser Verstand schwächer wird. Viele wunderbare Gläubige waren nicht mehr im Vollbesitz ihrer geistigen Kräfte, als sie gestorben sind. Ich bin mir ganz sicher, dass sie in der Herrlichkeit vollkommen bei Verstand sein werden, denn der Grund für den Abbau ihres Denkens ist rein physischer Natur, er ist ein Teil des körperlichen Verfallsprozesses. Altersschwäche gehört zum Leben in dieser Welt dazu, hat jedoch nichts mit dem Leben nach dem Tod zu tun – und ich halte es für recht wahrscheinlich, dass es im Jenseits in ähnlicher Weise Heilung für andere Geisteskrankheiten geben wird.

„Ich habe den Eindruck gewonnen, dass die Geschichte des Bettlers Lazarus eine zutreffende Illustration für das Leben unmittelbar nach dem Tod darstellt, in dem man keinen Körper hat. Gleichzeitig werden Augen, Finger und die Zunge ausdrücklich erwähnt. Können Sie das erklären?"
Das kann ich schnell beantworten: nein. Ich kann nur sehr deutlich sagen, dass das Leben nach dem Tod ein Leben bei Bewusstsein ist, und wir können uns ein bewusstes Leben nur

vorstellen, wenn wir körperliche Fähigkeiten haben. Daher verwendet die Bibel entsprechende Begriffe, um das Konzept zu vermitteln, dass wir bei Bewusstsein sein werden. Schließlich sprechen wir von den Augen Gottes, den Händen und den Füßen Gottes. Bedeutet es, dass wir tatsächlich meinen, Gott habe Augen, Füße und Hände? Nein, sondern es ist die einzige Art, wie wir uns eine bewusste persönliche Existenz vorstellen können. Ich denke, das ist hier gemeint.

„Ich habe Sie so verstanden, dass Satan Menschen in diesem Zustand nicht versuchen kann, da er uns nur durch unseren Körper und dessen Fähigkeiten in Versuchung führen könnte. Wie passt das dann mit Dingen wie geistiger Grausamkeit, Wut, Täuschung, Bitterkeit etc. zusammen?"
Nirgendwo in der Bibel wird erwähnt, dass Satan sich im Hades befinden würde. Er wird am Ende in der Hölle lokalisiert. So wie ich meine Bibel verstehe, ist Satan bis kurz vor Schluss im Himmel, nicht in der Hölle. Er verlässt den Himmel erst gegen Ende der Zeit. Um mit Satan Kontakt aufzunehmen, müsste man zu den himmlischen Sphären durchdringen. Und tatsächlich, sobald Sie mit Christus im Glauben an himmlischen Orten sitzen, kämpfen Sie mit Mächten und Gewalten. Aus diesem Grund, davon bin ich überzeugt, versucht Satan Menschen nicht, die sich im Hades befinden, und er kann sie auch nicht anrühren. Schließlich sind sie schon in dem unabänderlichen Zustand, zu dem sie sich entwickelt haben. Noch einmal, ich glaube nicht, dass ich noch mehr dazu sagen kann. Denken Sie über die Antworten nach, die ich Ihnen auf diese Fragen gegeben haben. Wenn Sie diese Antworten nicht in der Bibel finden können, verwerfen Sie sie einfach. Denn meine Meinung ist unbedeutend. Wenn es sich um Fragen handelt, auf die ich keine direkte Antwort in der Bibel finde, kann ich Ihnen nur vermitteln, zu welchen gedanklichen Schlüssen ich gelangt bin. Bitte betrachten Sie diese jedoch nicht als die maßgebliche Wahrheit.

Weitere Fragen

Jetzt werde ich zu Ihnen über den Himmel sprechen.

Lesen Sie Johannes 14,1-6

Mir ist schon viel Widerspruch gegen christliche Glaubensüberzeugungen zur Hölle begegnet, doch ich habe noch nicht viele getroffen, die etwas gegen den Glauben an den Himmel einzuwenden hatten. Der Grund dafür ist offensichtlich, doch manche kritisieren und attackieren selbst unsere Sicht des Himmels. Einerseits gibt es Menschen, die das alles für eine Illusion oder ein Märchen halten. Für sie ist es genau dasselbe wie Elfen und Feen in einem verwunschenen Garten; das ganze Gerede von Perlentoren, goldenen Straßen und Harfen halten sie für absurd. Tatsächlich gibt es eine eigene Kategorie von Witzen über den Himmel, die zeigen, wie leicht Menschen den christlichen Glauben zu diesem Thema nehmen. Die meisten Witze haben etwas mit den Perlentoren bzw. der Himmelspforte zu tun. Ich weiß nicht, ob das eine Gegenreaktion auf die Möglichkeit ist, dass diese Tür den Witzeerzählern verschlossen bleiben könnte, jedenfalls gibt es ständig diese Witze über Menschen, die vor der Himmelspforte stehen. Sicherlich haben Sie auch schon einige davon gehört.

Die Sadduzäer hielten den Himmel für einen Witz. Sie kamen zu Jesus und erklärten ihm, dass sie an so etwas nicht glauben könnten. Jesus antwortete ihnen, dass es drei Gründe gab, warum sie mit diesem Konzept Probleme hatten. Der erste Grund war, dass sie ständig versuchten, irdische Maßstäbe an den Himmel anzulegen. Das war der erste Punkt, an dem sie falsch lagen. Der Himmel ist so anders als die Erde, dass man ihn nicht mit der Erde vergleichen kann. Zweitens sagte er ihnen, dass sie sich irrten, weil sie die Kraft Gottes vergaßen. Wenn wir uns bewusst machen, dass die Kraft Gottes diese Erde und das Wunder des Lebens erschaffen hat – wieviel mehr wird er dann einen Himmel machen können? Meinen wir, den Himmel könne es gar nicht geben, haben wir die Kraft Gottes vergessen.

Ihr dritter Fehler war, dass sie die Bibel nicht kannten. Noch einmal zusammengefasst: Erstens, sie beurteilten den Himmel nach menschlichen Maßstäben, zweitens, sie vergaßen die Kraft Gottes und drittens, die kannten die Schriften nicht.

Ich muss zugeben, dass es sehr schwierig ist, sich eine andere Welt vorzustellen. Als man Tristan da Cunha (die entlegenste bewohnte Insel der Welt im Südatlantik, Anmerkung der Übersetzerin) nach dem dortigen Vulkanausbruch evakuierte, brachte man ihre Bewohner mit dem Flugzeug nach London. Sie hatten noch nie eine U-Bahn gesehen. Auch Wolkenkratzer oder Häuser mit mehr als einem Stockwerk waren ihnen völlig fremd, doch man verfrachtete sie in das Herz Londons. Auf den Fotos, die zeigen, wie sie durch die Stadt liefen, machten sie sehr große Augen. Sie hatten keine Ahnung gehabt, dass man so leben konnte; dass man wie Hasen in Löchern unter der Erde verschwinden, durch Tunnel fahren und dann wieder an der Oberfläche auftauchen konnte, um auf Wolkenkratzer zu blicken. Für sie war es einfach unglaublich, genau wie Menschen, die U-Bahn fahren und in Wolkenkratzern leben, sich den Himmel nicht vorstellen können. Das bedeutet jedoch nicht, dass es ihn nicht geben würde. Es ist einfach nur schwierig, ihn sich vorzustellen.

Andere sind noch weiter gegangen. Sie haben behauptet, der Himmel sei nicht nur eine Illusion, sondern eine Droge. Der erste Mann, der das sagte, Charles Kingsley, schrieb das Buch „Die Wasserkinder". Er erklärte: „Religion ist das Opium des Volkes." Er führte weiter aus, dass man auf der Erde zu nichts zu gebrauchen sei, wenn man sich zu sehr auf den Himmel konzentriere. Lebe man ständig mit dem Kopf in den Wolken, so werde man gegenüber dem Übel der Kinderarbeit in den Fabriken und anderen Dingen gleichgültig, die Charles Kingsley bekämpfte – sie werden in der Kinderoper „Der kleine Schornsteinfeger" von Benjamin Britten eindrücklich dargestellt. Das ist nicht ganz falsch, doch Charles Kingsley war ein anglikanischer Geistlicher, der nicht forderte, man solle den Himmel komplett vergessen. Er sagte einfach: „Lebt nicht so sehr dort oben, dass ihr hier unten zu nichts mehr zu gebrauchen seid."

Es war Karl Marx, der diesen Ausspruch von Charles Kingsley, dem anglikanischen Geistlichen, wieder aufgriff und dann sagte: „Religion ist das Opium des Volkes. Vergesst den Himmel ganz, dann könnt ihr hier unten das Beste tun." An diesem Punkt widerspreche ich Karl Marx. Die Menschen, die oft das Meiste für ihre Mitmenschen getan haben, waren solche, die am intensivsten an den Himmel glaubten. Wissen Sie, was Lord Shaftesbury, der die Sozialreformen in diesem Land so sehr gefördert hat, auf jeden seiner Briefköpfe drucken ließ? „Komm, Herr Jesus." Er war ein Mann, der mit seinen Gedanken im Himmel war, doch er war gleichzeitig hier auf der Erde sehr nützlich.

Das Entscheidende ist, ausgewogen zu sein, doch ich würde behaupten, dass die heutige christliche Gemeinde darauf hereingefallen ist. Daher singen wir keine Lieder mehr über den Himmel, wie wir es früher getan haben. Manchmal ist es meine Aufgabe, Kirchenlieder über den Himmel auszuwählen, und dann muss ich auf ein Kinderlied zurückgreifen, wie dieses hier: „There's a home for little children about the bright blue sky" (Über dem strahlend blauen Himmel gibt es ein Zuhause für kleine Kinder). Manchmal Kinderlieder zu singen ist nicht falsch, es sei denn, man wird dadurch kindisch, doch es ist mir fast unmöglich, geeignete Lieder über den Himmel in Gesangbüchern zu finden. Wir haben aufgehört, darüber zu sprechen. Früher sang man: „Drum ob auch die ird'sche Hütte zerbricht, mein Vater ist reich, darum sorge ich nicht." So singen wir heute nicht mehr. Wir haben uns vom Spott der Welt beeinflussen lassen, dass der Himmel nur ein Luftschloss sei. Darauf antworte ich immer: „Besser, als ewig in der Hölle zu schmoren." Man hat uns beim Thema Himmel derart verspottet und uns gesagt, es lohne sich nicht, darüber nachzudenken, dass wir von dieser Welt völlig vereinnahmt worden sind. Statt ein Evangelium zu predigen, das uns im nächsten Leben rettet, sprechen wir nun über politische und soziale Programme, die uns im jetzigen Leben bewahren.

Diese beiden Dinge sollten Hand in Hand gehen, doch die Ewigkeit muss immer Priorität haben, daher werde ich Ihnen ohne Scham etwas über den Himmel erzählen. Woher kommt unser Wissen darüber? Die Antwort lautet, dass wir drei Zeugen aus erster Hand haben, die dort gewesen sind und uns erzählt haben, wie es dort aussieht. Jemand hat einmal zu mir gesagt: „Ich würde an den Himmel glauben, wenn jemand dort gewesen wäre und zurückkommen würde, um uns darüber zu berichten." Es gibt drei Menschen, die dort gewesen sind. Auf ihre Aussagen können wir uns verlassen, sie sind völlig ausreichend. Tatsächlich stammt alles, was ich über den Himmel weiß, von diesen drei Personen.

Der erste Mann, den ich als Zeugen aufrufe, ist Paulus. Sie können den Bericht über seine Reise in 2. Korinther 12 nachlesen. Paulus erklärt, er kenne einen Mann, der im Himmel gewesen sei „ob im Leib, weiß ich nicht, oder außerhalb des Leibes, weiß ich nicht; Gott weiß es –, dass dieser bis in den dritten Himmel entrückt wurde. Und ich weiß von dem betreffenden Menschen – ob im Leib oder außer dem Leib, weiß ich nicht; Gott weiß es –, dass er in das Paradies entrückt wurde und unaussprechliche Worte hörte, die auszusprechen einem Menschen nicht zusteht" (Verse 2-4; ELB). Lesen Sie die Geschichte selbst. Paulus war dort gewesen. Hier kommt der zweite Zeuge, ein Mann namens Johannes. Er saß in einer Gefängniszelle auf der kleinen Insel Patmos. Eines Sonntagsmorgens, als er an den Herrn dachte, holte ihn der Geist aus seinem Körper heraus und versetzte ihn nach oben in den Himmel. Er erblickte eine Tür, die sich öffnete, sodass er direkt in den Himmel schauen konnte. Von dem, was er dort sah, schrieb er sehr viel nieder. Das lesen wir im letzten Buch der Bibel.

Mein wichtigster Zeuge ist natürlich Jesus selbst, weil Johannes und Paulus den Himmel erst nach Jesus besuchten. Jesus war als erster dort. Kennen Sie Johannes 3,16? Wissen

Sie, was Jesus nur drei Verse zuvor gesagt hat? „Es ist noch nie jemand zum Himmel hinaufgestiegen außer dem Menschensohn, der vom Himmel herab auf die Erde gekommen ist" (Vers 13). Mit anderen Worten: „Ich bin von dort gekommen. Ich war nicht immer hier unten. Ich bin aus dem Himmel gekommen." Dann sagt er im Vers davor, in Vers 12, Folgendes: „Ihr glaubt mir ja nicht einmal, wenn ich von irdischen Dingen rede! Wie also werdet ihr mir dann glauben, wenn ich von himmlischen Dingen spreche?"

Daher würde ich sagen: Wenn ich bereit bin zu glauben, was Jesus über dieses Leben sagt, dann muss ich doch auch glauben wollen, was er über das nächste zu sagen hat. Bin ich allerdings nicht bereit für das eine, werde ich auch Probleme mit dem anderen bekommen.

Was haben diese drei Männer über den Himmel gesagt? Nun muss ich auf Bildsprache zurückgreifen, da wir es mit einer Wirklichkeit zu tun haben, die über unseren eigenen Erfahrungsschatz hinausgeht. Die Tatsache, dass diese Sprache voller bildhafter Übertragung ist, beunruhigt mich nicht. Sie beschreibt dennoch die Realität. Ich werde versuchen, drei Fragen zu beantworten:

Wo ist der Himmel?

Wie ist es dort?

Wer wird dort sein?

Zunächst einmal, wo ist er? Ich kann ihn nicht auf einer Karte einzeichnen. Ich weiß noch, dass ich Ende der 1960er Jahre hörte, dass wir mit unseren Radioteleskopen damals 82 Millionen Lichtjahre in den Weltraum hineinblicken konnten. Mein Verstand kann das nicht fassen. Ein Computer mag das vielleicht verstehen, ich jedoch nicht. Menschen haben gesagt:

„Und dort gibt es immer noch keine Spur vom Himmel." Und sie fragen: „Wo ist er im Universum?" Unterdessen sagen wir: „Vater unser, der du bist im Himmel", wobei wir den Blick üblicherweise nach oben richten, wenn wir so beten. Wo ist der Himmel? Mindestens 82 Millionen Lichtjahre entfernt.

Ich habe jedoch den Eindruck, wir sollten in einer ganz anderen Dimension denken, dass der Himmel uns nämlich viel näher ist; dass er die gesamte Erde einhüllt, in einer anderen Dimension, die für uns unsichtbar ist. Als befände sich die Erde sozusagen im Himmel; wenn die Erde vom Himmel umgeben ist, dann stimmt es: Wo auch immer Sie sich im Universum aufhalten, schauen Sie nach oben, Sie blicken hinauf in den Himmel. Es ist zutreffend: In ihm leben, weben und sind wir. Mittlerweile betrachte ich den Himmel als etwas Räumliches, das sich überall um die Erde herum in einer geistlichen Dimension befindet, von unseren Teleskopen oder Radios jedoch nicht erfasst werden kann, nur sichtbar für Menschen, die Augen dafür haben: „Herr", sagte Elia, „öffne die Augen des jungen Mannes", und plötzlich, oberhalb von ihm, waren Streitwagen, die Streitwagen Gottes. Der Himmel war so nah. Als Juri Gagarin in den Weltraum reiste, zurückkam und erklärte, er hätte weder Gott, noch den Himmel noch Engel gesehen, was er für einen tollen Witz hielt, wollte ich ihm zurufen: „Gagarin, Gott hat Sie gesehen, genauso wie die Engel, doch Sie waren einfach nicht im Himmel unterwegs. Sie sind darauf einfach nicht eingestellt. Sie können es schlicht nicht sehen. Für Menschen, deren Augen es sehen können, brennt jeder Busch im Feuer Gottes, während Gott für andere Millionen von Kilometern entfernt ist."

Wo befindet er sich nun? Ich weiß es nicht und ich muss es auch nicht wissen. Thomas fragte, wo der Himmel sei, doch Jesus antwortete ihm, er müsste das nicht wissen, weil er ihn hinbringen würde. Genau das bedeutet dieser Satz: „Ich bin der Weg" in der Umgangssprache des Ostens. Wenn Sie „Ich bin der Weg" zu jemandem sagen, meinen Sie damit: „Ich werde Ihnen nicht sagen, wie Sie dorthin kommen. Ich komme einfach mit und bringe Sie hin – auf dem schnellsten Weg." Doch gleichzeitig möchte ich Sie daran erinnern, dass der Himmel, über den wir gerade sprechen, die ferne Zukunft jedes Christen, d.h. die endgültige Bestimmung jedes Gläubigen ist. Dieser Himmel wird eine neue Erde beinhalten.

Das Wunderbare am Himmel besteht für mich u.a. darin, dass er auch die Erde umfasst. Vermutlich wird dazu auch ungehindertes Reisen im Weltraum gehören, so sehe ich es jedenfalls, ohne diesen ganzen teuren Raketenaufwand: Das gesamte Universum wird Menschen frei zugänglich sein. Darauf freue ich mich. Fantastisch? Vielleicht, aber dennoch wahr. Mein Urgroßvater hätte gesagt: „Es ist absolut illusorisch, dass du glaubst, drei Männer könnten sich auf einer Reise um den Mond schlafen legen." Er hätte mich für verrückt gehalten, doch heute ist es möglich. Nur weil etwas fantastisch wirkt, kann es trotzdem wahr sein. Ich glaube, dass es ein völlig neues Universum geben wird, einen neuen Himmel und eine neue Erde, alles blitzblank geputzt und komplett renoviert mit Menschen, die in diesem Universum leben. Zudem wird es darin eine Metropole geben, eine Hauptstadt. Wir sprechen heute davon, Städte draußen im Weltraum zu bauen, indem wir Satelliten so lange miteinander verbinden, bis wir dort eine Stadt haben. Das ist ziemlich erstaunlich, doch Gott hat es sich als erster ausgedacht und versprochen, es auch umzusetzen. Er wird eine Weltraumstadt bauen, die laut der Bibel rund 2500 Quadratkilometer groß ist.

Man hat mir schon gesagt: „Wenn alle Menschen, die deiner Ansicht nach wieder lebendig werden, an diesem Ort auftauchen, wird er ziemlich überfüllt sein." Nicht, wenn wir ein neues Universum zum Leben haben. Nicht, wenn die Hauptstadt 2500 Quadratkilometer umfasst. Ganz Europa würde in diese Stadt hineinpassen. Lassen Sie uns die Bibel beim Wort nehmen und sie nicht als Märchenbuch behandeln. Wir sprechen von einem neuen Universum und einer Weltraumstadt.

„Ich sah das Neue Jerusalem aus dem Himmel herabkommen." Alle menschlichen Bauten werden von unten nach oben errichtet. Alles, was Gott baut, kommt von oben nach unten. Wir errichten unsere babylonischen Türme, die in den Himmel reichen, doch Gott kommt und baut von oben nach unten. Er sagt uns, dass seine Stadt da ist. Er ist der Erbauer und Schöpfer des Ortes, an dem wir wirklich wohnen wollen. Stadtplaner diskutieren immer noch darüber, wie die ideale Form einer Stadt aussieht. Sie werden die ideale Anordnung erst entdecken, wenn Gott das Neue Jerusalem vom Himmel herunterschickt, dann werden christliche Stadtplaner zueinander sagen: „Warum bin ich nicht darauf gekommen?" Das ist die ideale Stadt. Wo wird sie sich befinden? Ich weiß es nicht. Ich weiß nur, was Jesus gesagt hat: „Ich werde hingehen und sie vorbereiten und dann komme ich wieder, um euch zu holen." Das reicht mir.

Wie wird es dort sein? Ich werde bestimmte Dinge auflisten, die es dort nicht geben wird, und andere, die dort sein werden. Das wird Ihnen einen Eindruck von diesem Ort vermitteln. Ich will Ihnen ein Beispiel geben. In der himmlischen Stadt wird es kein Heiligtum geben. Während die meisten Städte auf der Erde religiöse Gebäude mit Kirchtürmen, Kuppeln oder Minaretten haben, wird man Kirchen, Kapellen und Tempel in der heiligen Stadt vergeblich suchen. Warum? Weil Sie Gott dort überall anbeten werden; Sie brauchen keinen bestimmten Ort, an dem Sie ihn verehren. „Nirgendwo in der Stadt sah ich einen Tempel" (Offenbarung 21,22).

Ich muss zugeben, dass es einen Aspekt gibt, der für mich enttäuschend ist, doch der Rest wird so wunderbar sein, dass ich ihn vergessen werde, davon bin ich überzeugt. Es wird kein Meer geben. Das wird deutlich gesagt. Das Meer ist für den Menschen ein bedrohlicher Feind, und es wird im neuen Universum nichts dergleichen geben. Ein weiterer Aspekt wird manche Menschen freiheraus dazu bringen, den Himmel als Hölle zu bezeichnen: Es wird keinen Sex geben. Die Sexualität wurde uns für das Leben hier auf der Erde geschenkt. Wir brauchen sie hier, doch dort wird sie nicht existieren. Für Menschen, die hauptsächlich für den Sex gelebt haben, wird es das genaue Gegenteil des Himmels sein. Allerdings wird es im Himmel wahre Liebe für jeden geben, ob man auf der Erde verheiratet oder ledig war – die vollkommenste Art der Liebe für jeden, aber keinen Sex.

Auch Leid und Not, Krankenhäuser, Psychiatrien, Sanatorien, Kolonien, Gefängnisse und Flüchtlingslager gehören dann der Vergangenheit an. Es wird keine Trennung mehr geben, weder aufgrund von Distanz noch durch den Tod, und daher auch keine Trauer. „Gott wird abwischen alle Tränen von ihren Augen" (Offenbarung 21,4; LUT). Auch Schatten sucht man dann vergeblich. Wir erfahren, dass die Sonne und der Mond überflüssig werden, weil Gott Licht ist – überall wird es hell sein. Keine dunklen Gassen, keine Schatten, keine Finsternis – nur Licht; aus diesem Grunde sollte eine Kirche auf der Erde von Licht erfüllt sein. Gott ist Licht. Man spricht über ein Glaubensleben im Halbdunkel. Dieses Konzept ist von Grund auf heidnisch. Unsere Kirchen sollten so hell wie möglich sein. Gott ist Licht. Vor allem aber, und das wird es offengesagt himmlisch machen, wird es keine Sünde, keine schlechte Laune, keine Lust, keine Wut, keine Eifersucht, keinen Neid, keine Engherzigkeit und keinen Tratsch geben. Können Sie sich das vorstellen? Mir gelingt es nicht, doch es wird keine Spur von Sünde mehr geben.

Diese Dinge fehlen also dort, doch was wartet stattdessen auf uns? Hier kommen ein paar Aspekte. Es wird Ruhe geben. Noch einmal, ich möchte Ihnen sehr deutlich sagen, dass es nicht bedeutet, dass viele Ruhesessel in einer Art großen Flughafenhalle herumstehen werden. Es ist erstaunlich, wie viele Menschen sich den Himmel so vorstellen. Die Ruhe, von der die Bibel spricht, ist die Ruhe von geistiger und geistlicher Frustration. Jesus hat gesagt: „Kommt her zu mir, alle ihr Mühseligen und Beladenen!" (Matthäus 11,28; ELB). Dabei bezog er sich auf Menschen, die verzweifelt versuchten, Gott zu genügen, es jedoch nicht schafften und daher frustriert und blockiert waren. „Und ich werde euch Ruhe geben", fuhr Jesus fort. Der Ruhe des Himmels wird aus Geschäftigkeit bestehen, aus Arbeit, „Gottesdienst" rund um die Uhr, 24-Stunden-Schichten. Doch bei dieser Art von Ruhe werden Sie nicht frustriert sein, sondern das erreichen, was Sie sich vorgenommen haben, Sie werden nicht blockiert sein und denken: „Ich wünschte, ich wäre besser als ich es bin." So sieht die himmlische Ruhe aus.

Es wird Belohnungen geben, über diese himmlischen Auszeichnungen habe ich am vergangenen Sonntagmorgen schon gesprochen: Belohnungen für besondere Dienste, für das Martyrium und andere Dinge. Auch Aufgaben werden im Himmel übertragen, wobei sich die Verantwortlichkeiten dort danach bemessen, wie treu Sie hier auf der Erde waren. Haben Sie sich hier verantwortungsbewusst verhalten, so werden Sie dort mehr Verantwortung bekommen, es wird also Abstufungen von Verantwortung geben. Auch Beziehungen existieren im Himmel. Ich weiß nicht, ob Sie schon jemals darüber nachgedacht haben, doch Sie werden im Himmel einen anderen Namen tragen. Ich werde nicht auf Sie zukommen und sagen: „Hallo, Charlie Brown", oder wie auch immer Sie hier unten heißen. Ich werde Sie nicht so begrüßen, und Sie werden auch nicht zu mir sagen: „Hallo, David Pawson." Wir werden neue Namen haben und so anders sein, als wir es hier unten sind. Wir werden vollkommen sein, d.h. unsere vollkommen verherrlichte Natur wird einen neuen Namen erfordern, aus diesem Grund werden wir also neue Namen erhalten. Wie wird wohl Ihr Name in der Herrlichkeit lauten?

Auch Offenbarung wird es im Himmel geben, Fragestunden sind dann überflüssig. Wir werden die Antworten auf alle unsere Probleme kennen. Erkenntnis, Licht, Offenbarung und Verständnis sind vorhanden. Gerechtigkeit wird ebenfalls herrschen. Nicht nur, dass die Sünde abwesend ist, an ihre Stelle werden Güte, Reinheit, Aufrichtigkeit und Heiligkeit treten.

Erzählen Sie manchen Menschen von einem Ort, an dem es nur Heiligkeit gibt, so antworten sie Ihnen: „Das ist die Hölle", doch das stimmt nicht; so ist der Himmel.

Im Himmel wird Freude herrschen. Ich sage Ihnen etwas: Der Chor wird im Himmel etwas voller klingen, weil Sie dazugehören werden. Vielleicht sind Sie unmusikalisch und können dem Herrn hier unten nur einen fröhlichen Lärm bringen, doch dort oben werden Sie im Chor singen. Sie werden eine herrliche Stimme haben. Zu den ersten Dingen, die wir im Himmel tun werden, gehört, ein neues Lied zu lernen. Wir werden auch das Lied des Mose singen. Wenn Sie das letzte Buch der Bibel studieren, werden Sie entdecken, dass dort mehr über das Singen steht, als in jedem anderen, mit Ausnahme der Psalmen. Als wollte man uns sagen: Im Himmel werdet Ihr pausenlos singen. Der Halleluja-Chorus aus Händels Messias stammt aus dem Buch der Offenbarung. Die gesamte Offenbarung ist von Gesang durchzogen, der niemals aufhört. Manche behaupten: „Das wird ja furchtbar langweilig." Glauben Sie das bloß nicht!

Ich möchte hier unten nicht ewig leben, und ich stimme dem Astronomen Fred Hoyle zu, der einmal im Radio gesagt hat, wenn er die Wahl hätte, würde er gerne 300 Jahre lang leben. Er hatte den Eindruck, 70 oder 80 Jahre seien zu kurz, doch 300 Jahre wären ungefähr richtig. Das sagte er, weil er auf der Erde lebte. Das Leben ist zu kurz für diese Welt. Gott sei Dank. Es soll uns unbefriedigt lassen. Wäre das Leben auf dieser Erde lang genug, um alles zu tun, was wir uns wünschen, alles zu entdecken, was Gott gemacht hat, dann würden wir länger hierbleiben wollen, doch wir sind frustriert. Wir stöhnen. Wir sollten uns auf die Zukunft vorbereiten, da das Leben zu kurz ist.

Wer wird dort sein? Jemand hat einmal zu mir gesagt: „Das Klima wird himmlisch sein, doch die Gesellschaft höllisch." Eine Menge Witze gehen in diese Richtung. Tatsächlich würde ich sagen, dass der Himmel, was die Gesellschaft betrifft, der beste Ort ist. Ich glaube, eines der schrecklichsten Dinge in der

Hölle wird der Mangel an Kommunikation zwischen absolut selbstsüchtigen Menschen sein. Das Herrlichste am Himmel sind vollkommene Beziehungen untereinander. Wer wird nun dort sein? Der Himmel ist nicht leer, sondern er wird bevölkert sein.

Dazu möchte ich vier Dinge sagen: Erstens, die Gläubigen werden dort sein. Eine riesige Familie – Sie werden die ganze Ewigkeit benötigen, um Sie alle kennenzulernen, diese Familie ist gigantisch. Sie wird so groß sein, dass niemand ihre Mitglieder zählen kann. Sie zeichnet sich durch eine bunte Mischung aus, Menschen aus jedem Clan, jedem Stamm und jeder Sprache gehören dazu. Jede Farbe, ethnische Gruppe und Kultur sind vertreten. Wie interessant wird das kulturelle Leben im Himmel sein! Was für eine abwechslungsreiche und interessante Familie, darunter die Propheten, die Apostel, die Märtyrer und die Reformatoren. Welchen von ihnen möchten Sie zuerst kennen lernen? Ich würde alles dafür geben, dort eine Stunde mit Paulus zu verbringen, einfach um herauszufinden, was er in bestimmten Versen wirklich meinte, doch ich werde dort tatsächlich mit ihm reden können. Ich werde diesen kleinen Mann treffen, der ein so großer Missionar war; ich werde mit Abraham, Isaak, Jakob, Mose und den Aposteln reden. Alle Gläubigen werden dort sein, alle Ihre geistlichen Verwandten, Sie werden keine anderen mehr haben.

Zweitens, alle Engel werden im Himmel sein. Es wird ziemlich voll werden, eine unvorstellbar große Anzahl von Engeln erwartet uns. Sollten Sie zuvor nicht an Engel geglaubt haben, so werden Sie es dort tun. Denn Sie werden den Engeln begegnen und den Himmel mit ihnen teilen. Was erstaunlich ist: Momentan stehen die Engel ein wenig über uns, doch im Himmel werden wir etwas höhergestellt sein als sie. Es entspricht Gottes Willen, dass sich die bisherige Ordnung umkehrt. Uns wird gesagt, dass die Engel uns im Himmel dienen werden. Ich weiß nicht, ob Sie auf der Erde den Luxus eigener Diener genossen haben, doch er wird Ihnen im Himmel zuteil – Engel, die Ihnen dienen.

Das Lamm Gottes wird im Himmel sein, Jesus selbst. Wie wird

er aussehen? Ich weiß es nicht. Wir werden die Nägelmale an seinen Händen erkennen. Ich habe mich schon oft gefragt, wie er aussehen wird. Kein Bild konnte mich bisher zufriedenstellen. Ich habe früher einmal Gemäldepostkarten gesammelt, Kopien aller Jesus-Porträts, die je gemalt worden sind. Ich sammelte 30 von ihnen, sah sie mir alle an und sagte: „Keines von ihnen entspricht der Realität", daher malte ich selbst eines mit Pastellfarben. Wochenlang arbeitete ich daran. Ich malte es, dann zerriss ich es wieder und warf es weg. Wie sieht er aus? Wir werden ihn sehen, wie er ist. Er wird dort sein.

Am Wichtigsten jedoch ist, dass Gott der Vater dort sein wird. Der Himmel ist das Zuhause des Vaters, und Kinder lieben es, nach Hause zu kommen, insbesondere zu einem so liebevollen Vater wie ihm. Für einen gläubigen Menschen wird das Allerschönste am Himmel sein, dass er das Zuhause des Vaters ist. Baden Powell war ein Mann mit starkem christlichen Glauben. Als er starb und man ihn begrub, schrieb man Folgendes auf seinen Grabstein: seinen Namen, sein Geburts- und Todesdatum sowie einfach einen Kreis mit einem Punkt in der Mitte. Kennen Sie die Bedeutung dieses Zeichens? Wenn Sie Pfadfinder sind, wissen Sie, was es bedeutet. Es ist ein Fährtensignal, das „nach Hause gegangen" bedeutet. Wollen Sie mich finden, müssen Sie mein Zuhause besuchen. Sie könnten auf den Grabstein jedes Christen einfach nur dieses Zeichen setzen: nach Hause gegangen.

Ich habe Sie nun also durch folgende Themen hindurchgeführt: den Tod, das Zwischenstadium, die Auferstehung des Körpers, das Gericht über die Nationen und die Hölle. Jetzt befinden wir uns im Himmel. Ich möchte damit schließen, dass ich Ihnen einen Text aus dem 5. Buch Mose vorlese. Es handelt sich um etwas, das Mose kurz vor seinem Tod sagte – zu allen Kindern Israels: „Himmel und Erde sind meine Zeugen, dass ich euch heute vor die Wahl gestellt habe zwischen Leben und Tod, zwischen Segen und Fluch. Wählt das Leben, damit ihr und eure Kinder nicht umkommt!" (5. Mose 30,19)

Ich möchte mit diesem Vers enden, weil ich nicht einfach nur über akademische Fragen gesprochen habe, sondern über Ihre Zukunft und meine. Ich stelle diese Worte von Mose an den Schluss, weil ich auf eine einfache Art versucht habe, das für Sie zu tun, was er für das Volk Israel tat. Ich rufe Himmel und Erde an diesem Tag als Zeugen gegen Sie auf, dass ich Ihnen die beiden Alternativen der Zukunft vorgestellt habe, die jeden Mann und jede Frau erwarten: Leben oder Tod, Segen oder Fluch, Himmel oder Hölle. Daher fordere ich Sie auf: Wählen Sie das Leben, damit Sie nicht umkommen.

Was sagt mir das? Erstens, dass die Bibel Recht hat und dass es nur zwei Bestimmungen gibt; zweitens, dass Sie nicht zwischen beiden wählen. Die einzige Wahl, die Sie treffen können, ist es, den Himmel zu wählen. Sie müssen nämlich gar nichts tun, um in der Hölle zu enden. Ich habe einmal ein Poster vor einer Gemeinde gesehen, das ein wenig direkt war, doch es verkündete die Wahrheit. Darauf stand: „Der Weg in die Hölle führt immer geradeaus; um in den Himmel zu kommen, müssen Sie hier eine Kehrtwendung machen." Das ist die Wahrheit. Die Wahl, die Sie treffen müssen, lautet, den Himmel bzw. das Leben zu wählen. Niemand kommt zufällig dorthin. Viele Menschen enden aus Versehen in der Hölle oder werden mit allen ihren guten Vorsätzen usw. dorthin kommen oder einfach dadurch, dass sie eine so große Errettung verachten. Wählen Sie das Leben.

Wie wählen Sie nun also den Himmel? Durch den Versuch, ein gutes Leben zu führen? Nein. Dadurch schaffen Sie nur zwei Drittel des Weges, was nicht ausreichend ist. Durch das Bemühen, religiös zu sein? Nein. Durch die Mitgliedschaft in einer Kirche? Nein. Durch die Taufe? Nein. Durch das Abendmahl? Nein, obwohl alle diese Dinge ihre Berechtigung haben. Wie wählen Sie das Leben? Indem Sie sich für Jesus entscheiden, so gelingt es, und indem Ihnen bewusst wird, dass er durch die Hölle gegangen ist, damit wir in den Himmel kommen können; dass er zum Fluch wurde, damit wir gesegnet werden;

dass er gestorben ist, damit wir leben; durch die Erkenntnis, dass es beim Kreuz um Folgendes geht: Jesus ist gestorben, damit uns vergeben werden kann. Er ist gestorben, um uns gut zu machen, damit wir schlussendlich doch in den Himmel kommen, gerettet durch sein kostbares Blut.

Ich hoffe nur, dass der Tag kommen wird, an dem wir uns im Himmel umschauen und dort die Mitglieder unserer Gemeinde in der Herrlichkeit sehen – ohne dass ein einziges fehlt. Miteinander dort die Ewigkeit zu verbringen – das wird schlicht und einfach der Himmel sein, in der Gegenwart Jesu. Was ich nie erleben möchte ist, dass irgendjemand Christus eines Tages gegenübersteht und folgende Worte hören muss: „Aber du wusstest, was zu tun war. Du wusstest, was die Zukunft bringen würde. Du bist in die Baptistengemeinde in Guildford in der Commercial Road gegangen und hast die Wahrheit gehört. Du wusstest genau, was daraufhin zu tun war."

Lassen Sie uns beten: Oh Gott, unser liebender himmlischer Vater, du hast alles getan, was nötig war, um uns dein Himmelreich aufzuschließen, und wir danken dir dafür, dass die Tore für alle Gläubigen weit offenstehen. Wir wissen, dass es in deinem Reich nur Bettler geben wird, Menschen, die kommen und um Gnade bitten. Und wir beten, dass du uns befähigst zu erkennen, dass unsere Zukunft von dem abhängt, was wir mit deinen Worten anfangen, damit wir nicht fehlen, wenn der große Tag kommt, an dem du dein Volk zu dir in die Herrlichkeit rufst. Das bitten wir dich um Jesu willen und in seinem Namen. Amen.

www.ingramcontent.com/pod-product-compliance
Lightning Source LLC
Chambersburg PA
CBHW052047070526
44584CB00017B/2087